CB076741

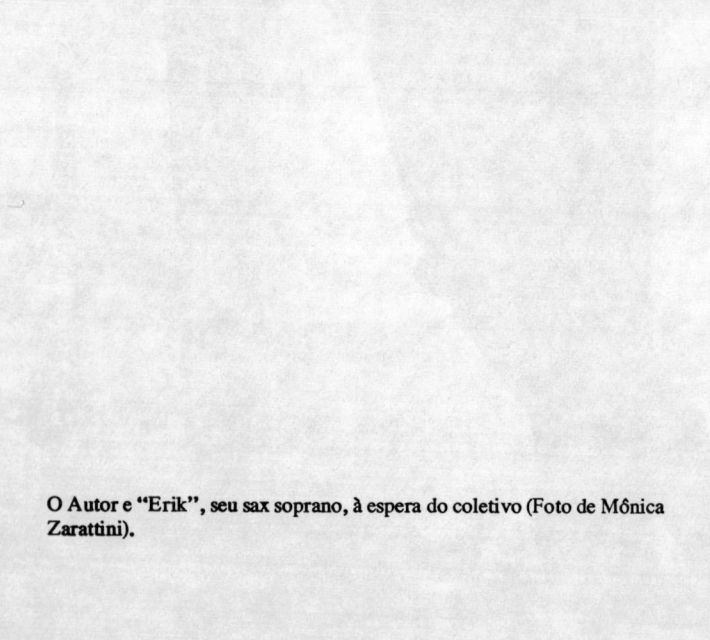

O Autor e "Erik", seu sax soprano, à espera do coletivo (Foto de Mônica Zarattini).

Artigos Musicais

Coleção Debates
Dirigida por J. Guinsburg

Equipe de realização – Revisão: Shizuka Kuchiki; Produção: Ricardo W. Neves e Sylvia Chamis.

livio tragtenberg
ARTIGOS MUSICAIS

EDITORA PERSPECTIVA

Dados de Catalogação na Publicação (CIP) Internacional
(Câmara Brasileira do Livro, SP, Brasil)

Tragtenberg, Lívio, 1961-
　　Artigos musicais/Lívio Tragtenberg. – São Paulo :
Perspectiva, 1991.
(Coleção debates; v. 239).

ISBN 85-273-0042-7

1. Música 2. Música – Apreciação 3. Música –
História e crítica I. Título. II. Série.

91-0014

CDD-780.904
-780
-780.15

Índices para catálogo sistemático:

1. Música: 780
2. Música: Análise e apreciação 780.15
3. Música: Século 20: História e crítica 780.904
4. Século 20: Música: História e crítica 780.904

Debates 239

Direitos reservados à
EDITORA PERSPECTIVA S.A.
Avenida Brigadeiro Luís Antônio, 3025
01401 – São Paulo – SP – Brasil
Telefones: 885-8388/885-6878
1991

AGRADECIMENTOS

A Haroldo de Campos, pela parceria e generosidade inestimáveis. E ainda pela contribuição com seus textos neste livro.

A Augusto de Campos, mestre motz el son, que abriu caminhos em prosa e verso.

A Gilberto Mendes, cuja música me levou à "arte de organizar os sons"; por sua generosidade, coração, ouvido e amizade.

A Jacó Guinsburg, por seu estimulante incentivo e em admiração.

A Carlos Rennó, um parceiro de percursos, em amizade dialógica.

A Baldur Liesenberg e Dóris, em amizade.

A Beatriz e Maurício, por tudo, desde o início.

À Folha de S. Paulo, pela cessão das fotos.

Aos fotógrafos Sérgio Moraes, Homero Sérgio, Américo Vermelho, Alexandre Tokitaka, Emídio Luisi, Mônica Zarattini e Ângela Aguiar.

SUMÁRIO

No Limite-Limiar de um Campo Fértil 11
I. SITUAÇÕES MUSICAIS 21
Quando o Meio é a Média 23
A Citação e a Situação da Música 29
As Propostas Ficaram no Papel 33
Smetrack! 37
Sonar das "Galáxias" 41
Transcriar o Passado 47
Defesa de Carlos Gomes contra seus Entusiastas . . 51
O "Inferno" e a Música em Movimento 57
"Inferno de Wall Street": Carnavalização 65
Artesanato e Arte Interdisciplinar: Teatro Musical
    Hoje 73
Oficina-Montagem: "Bailado do Deus Morto" 79
A Raiz Gestual da Música de Hoje 85
Primavera: John Cage! 95

Respostas sem Perguntas 107
A Máscara Sonora de Ezra Pound 111
Teatro Municipal: o Novo e o Ovo 117
Temporada do Municipal Insiste na Simulação Cultural 121

II. OS SETE DIAS DE CRIAÇÃO DE STOCKHAUSEN NO RIO 125

A Gênese do Som 127
Dia Um 135
Dia Dois 137
Dia Três 139
Dia Quatro 143
Dia Cinco 145
Dia Seis 147
Dia Sete 149
A Encenação da Partitura 153
Stockhausen: Rigor, Amor, Humor, Furor – Haroldo de Campos 155
"Na Glória" ou no (Hotel) Glória 159
Informe de Sirius – Haroldo de Campos 167

III. MÚSICOS EM AÇÃO 169

Walter Franco: Revólver 171
Monge Thelonious Monk 175
O Trompete Evolutivo de Miles Davis 179
O Extraordinário Encontro de Schoenberg e Kandinsky 183
Diálogos com Stravinsky 189
"Catalogue D'Oiseaux", de Messiaen 193
Com os Ouvidos Enterrados no Presente: Pierre Boulez 197
Pós-Escrito sobre um Limite-Limiar de uma Música Fértil 203

NO LIMITE- LIMIAR DE UM CAMPO FÉRTIL

A música serial propõe um sistema cuja substância, em última análise, se constitui por suas propriedades geométricas e quantitativas. Por exemplo, as quatro formas da série para as geométricas, e o número de intervalos de meio-tom para as quantitativas. O pensamento puro dos matemáticos foi assim reintroduzido conscientemente na composição musical[1].

Na revolução permanente da música, encontramos, se posso dizer assim, as bombas imediatas, e as bombas de efeito retardado...[2]

Não há dúvida de que, a partir dos anos 60, a tarefa da maioria dos criadores musicais é conseguir sobreviver no campo minado que constituem as questões relativas à elaboração da linguagem musical em seus parâmetros básicos:

1. XENAKIS, Iannis. *Musique Architecture*, 2ª ed. Casterman, 1976.
2. BOULEZ, Pierre. *Points de repère*, 2ª ed., Christian Bourgois, Éd. du Seuil, 1985.

temporalidade, organização melódica-harmônica-rítmica-timbrística e formal.

Este livro reúne artigos escritos ao longo dos anos 80 e que de alguma forma refletem esse universo da guerrilha estético-cultural sob o ponto de vista de um compositor. Talvez apresente mais dúvidas e perplexidades do que posições esclarecedoras e seguras, resultado de caminhos e trilhas claras e desobstruídas, a meu ver, no momento inexistentes. Sob o signo de uma precariedade e fragmentação constante se articula um discurso *possível*.

Ainda hoje a criação e concepção musical se organizam sobre dois eixos principais: o desejo de estruturação e articulação linear de um sistema, através de um ou mais princípios unificadores (como a *série* foi para a música dodecafônica segundo Schoenberg); e a não-linearidade como elemento constitutivo da elaboração estrutural, seja como estrutura aberta (acaso), assimetria ou aplicação de mais de um tipo de sistema referencial e construtivo.

O serialismo integral (controle e ordenamento dos parâmetros freqüência, ritmo, dinâmica etc., por seqüências seriais) foi o último sistema de unificação do pensamento musical. Sendo que, como lembra Boulez já em escritos do início dos anos 60, quanto ao aspecto da grande forma, o serialismo integral não chegou a uma elaboração tão objetiva quanto a conseguida com outros aspectos da organização musical. A partir da identificação da estruturação da forma em "estruturas locais", que Boulez divide em "estruturas locais" estáticas e dinâmicas, procura-se definir um elenco de opções estruturais dentro de um repertório específico e predeterminado (destacado do universo de organização serial), que definem "a forma como um conjunto conceitual"[3].

Retornando à questão dos dois eixos principais enunciados acima, o primeiro deles, sem dúvida, tem assumido as formas mais diversas e peculiares, e até mesmo paradoxais, no sentido de estabelecer um universo técnico-estético *a priori*. Sob o signo da fragmentação, os estilos e fórmulas pessoais de concepção do material musical se proliferam. A

---

3. *Idem*, p. 91.

partir desse eixo da organização e da busca da unificação da linguagem em seus formantes básicos, cabe o avanço na linguagem através de sínteses técnico-filosóficas, bem como a regressão a um ambiente de conforto e redundância. De um lado, Stockhausen realiza em seu ciclo operístico *Licht* uma síntese não-redutora de alguns princípios da série de doze sons e da estruturação seccionada em sub-regiões melódicas, na sua chamada "fórmula de composição". De outro lado, a busca de limitação de um campo de organização da linguagem preconcebe um determinado número de formantes (em todos os níveis de organização), a partir dos quais se passa à exploração de situações musicais locais (choques rítmicos resultantes do desenvolvimento de diferentes periodicidades) com ênfase na transparência e explicitação do princípio organizador do evento sonoro e sua percepção imediata pelo ouvinte, como acontece na música chamada minimalista.

Ambos os exemplos acima guardam o impulso primário da organização e do estabelecimento *a priori* de um âmbito de atuação. Desde Guido D'Arezzo, o pensamento musical ocidental tem caminhado no sentido de estabelecer um mundo sonoro em equilíbrio. A partir do sistema temperado puderam se desenvolver as diferentes correntes estéticas. No entanto, a partir da análise microscópica do fenômeno sonoro, a formulação da estrutura sonora apresentou um mundo complexo onde diferentes componentes atuaram em conjunto na formação do que chamamos de som musical. Isso possibilitou também uma variedade de formas de concepção do material sonoro a ser utilizado. Essa pulverização dos elementos formantes do som têm sido o objeto da música eletrônica de estúdio e da música eletroacústica.

Alguns compositores têm buscado também o estabelecimento de um sistema específico para composição. Um sistema que traduza sua particularidade na realização, desenvolvendo potenciais e situações bastante determinadas, de forma que sua adoção se revela profícua. Ele geralmente está baseado em um determinado formante que assume um papel de catalisador do sistema ao mesmo tempo em que dá a identidade do conjunto. Entre inúmeros exemplos, dos mais interessantes e esclarecedores, é o *Zodíaco das Doze*

Tonalidades concebido pelo compositor holandês Peter Schat[4]. Nesse sistema, a tríade em todas as suas formas dentro da oitava cromática é tomada como ponto de partida. Diferentes seqüências de tríades recebem o valor de uma determinada hora (Primeira Hora, Segunda Hora etc.): "Por princípio, não mais que doze *diferentes* tríades podem ser construídas com as doze alturas da oitava"[5]. Como o próprio Schat comenta em seu artigo, cada hora traduz um determinado universo, como, por exemplo, "Efeito Centrífugo Debussiano" (na Oitava Hora), "Estável, Típicas Harmonias Hindemithianas" (Nona Hora), e assim por diante. A partir da tríade como idéia geradora e motriz, Schat concebe um sistema em que convivem formações sonoras reconhecíveis de diferentes linguagens musicais através dos tempos. Conciliando modalismo com cromatismo e tonalismo, sem no entanto partir de suas regras específicas, esse "sistema" de Schat é o resultado da articulação entre reconhecimento dos materiais e da linguagem com um passado e utilização não-excludente das possibilidades em simultaneidade.

O outro eixo referido é o da não-linearidade e das estruturas abertas.

Uma grande revolução de idéias separa a matemática clássica do século XIX da matemática moderna do século XX. A matemática clássica tem seus eixos baseados nas estruturas geométricas regulares euclidianas em constante relação com a dinâmica de Newton. As novas estruturas são observadas como "patológicas" (...) como uma "galeria de monstros"[6].

Pode-se traçar um paralelo entre o universo estrutural do serialismo integral e o das novas formas de concepção da organização sonora.

Se já no período áureo do serialismo Boulez o relativizava adotando esquemas de grande forma que apresenta-

---

4. SCHAT, Peter. "The Tone Clock", in *Key Notes* 17, 1983/1 Donemus, Amsterdam, Holanda.

5. *Idem*.

6. DYSON, F. J. "Characterizing Irregularity", in *The Fractal Geometry of Nature*, de Benoit B. Mandelbrot, New York, W. H. Freeman Company, 1977.

vam uma liberdade incompatível com uma visão estreita do rigor numérico de um sistema de probabilidades, o que dizer do presente momento, em que nem mesmo uma força unificadora rege um impulso organizacional?

Estaria também o nosso fracionado panorama sob os efeitos de fenômenos caóticos que assolam as ciências e nossa percepção das coisas?

Não há dúvida de que a diversidade de explorações já realizadas em termos de concepção sonora assemelha mais o nosso campo fértil a um oásis de areia movediça. No entanto, a nossa especulação, ao contrário das ciências exatas, é empírica por natureza. A aplicação de esquemas matemáticos não tem qualquer prioridade, em termos de pertinência, que qualquer outro sistema mental. O método científico é mais uma abstração (sistema mental) em se tratando de elaboração musical, não existe qualquer fator que privilegie uma forma de *approach* de outra. Assim não há segurança que não se apóie na precariedade do instável.

Se mesmo a física, a biologia e a astronomia se debatem com fenômenos que desafiam as fronteiras do provável, a música combina possibilidades não menos complexas e polimorfas que se apresentam em constante mutação. As formas abertas estabeleceram o diálogo interno da grande forma. O fracionamento cada vez maior da grande forma em relação às microestruturas tem ganho cada vez mais importância na articulação global da composição.

Eu atribuo uma importância muito grande ao conceito de *formante* aplicado à estrutura geral, inicialmente porque é a extensão de um princípio orgânico, depois porque ele tem o mérito de tornar claramente perceptível uma noção bastante abstrata que é a da articulação de uma grande forma[7].

O processo de atomização da formulação musical tem desenvolvido um papel importante num mundo estilhaçado. Esse processo influi em todos os aspectos da criação, e mesmo na materialidade do som e dos instrumentos musicais.

7. BOULEZ, Pierre. *Idem*, p. 90.

Os sistemas que, partindo do serialismo como referência inicial, se caracterizam tão claramente pela mutabilidade de suas regras e opções traduzem em última análise uma situação histórica, ou melhor, uma pulsação histórica da linguagem, que, ao contrário do que muitos acreditam, não é binária. Não se trata de um movimento periódico de contração e expansão, mas um percurso não-simétrico onde seus elementos se sucedem em tratamentos diferenciados e não repetíveis, acumulando e abandonando padrões adotados. Uma representação gráfica próxima à situação exposta acima pode ser observada no chamado "atrator de Lorenz"[8]:

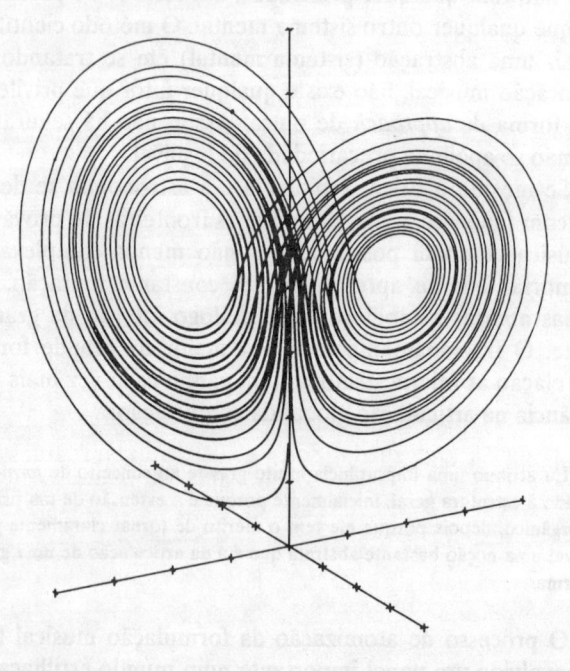

8. GLEICK, James. *Caos – A Criação de uma Nova Ciência*, Ed. Campus, 1990: "Essa imagem mágica, que se assemelha à máscara de uma coruja ou às asas de uma borboleta, tornou-se um emblema para os primeiros investigadores do caos. Revelava a estrutura fina oculta dentro de um fluxo desordenado de dados. Como o sistema nunca se repete exatamente, a trajetória nunca se cruza. Em lugar disso, faz *loop* circulares. O movimento real do atrator é abstrato, mas transmite o sabor do movimento do sistema real". (p. 25).

Guardados certos limites na aplicação direta da metáfora visual apresentada a uma situação complexa, como é o nosso contexto, deve-se ter em conta que o essencial que essa imagem nos ajuda a clarificar é o caráter marcadamente dinâmico e não-excludente de nosso momento criativo. Existe muita dificuldade de assimilação dessa realidade por parte, principalmente, dos criadores que encontram na sistematização linear, fechada, seu abrigo seguro. Mesmo a transitoriedade dos conceitos e procedimentos criativos já é uma demonstração objetiva da precariedade de uma sistematização fechada. Nunca as questões técnicas e estéticas estiveram tão visceralmente ligadas, geradas em simultaneidade. Diferenças clássicas entre empirismo e método científico, materialidade e subjetivismo, são coisas do passado. A moral, velha conselheira de um academicismo assustado, largamente invocada até os nossos dias como semáforo demarcador de zonas de atuação e de intercâmbio de linguagens e materiais, passou a ser o último recurso de uma causa perdida. Não faz mais parte de nossa percepção da vida um bom que exclui um ruim simetricamente, e assim por diante. Nunca acaso e cálculo estiveram percebidos com tanta clareza como hoje, fenômenos que se interpenetram nas menores partículas e articulações no processo criativo. Tornando obsoleta, em definitivo, uma série de dicotomias que se transformaram em falsas questões, ou ainda, em questões estéreis, como: determinação e indeterminação, forma aberta e fechada, sons acústicos *versus* amostras (*samplers*) desses sons por sintetizadores num processo de imitação (mimese) etc.

Novas questões se colocam simultaneamente ao nível de micro e macroestrutura. Não há como compartimentar o processo de criação, como, por exemplo, entre escolha do material sonoro e grande forma. O projeto necessariamente tem que ser concebido e desenvolvido como um organismo único, como um todo. Isso nos coloca permanentemente num limite-liminar, que nos interroga a todo instante sobre quais roupas velhas do imperador devemos abandonar.

Da mesma forma que a mecânica deixou de explicar todas as coisas, a teoria musical já não consegue extrair das técnicas e procedimentos em profusão elementos que acrescentem ou esclareçam algum aspecto além da situação específica em que o objeto de teorização se encontra. O que não significa necessariamente a falência da possibilidade de um pensamento teórico *a priori*. Mas a realidade, pelo menos momentânea, tem apresentado fortes indícios que nos levam a pensar numa revisão e recolocação do papel desenvolvido pela formulação e especulação de padrões e opções técnicas no processo de composição.

No momento, acredito ser mais importante uma procura de perguntas que de respostas. Além do mais, uma resposta é uma resposta, como diria Gertrude Stein. Uma resposta, por definição, contém uma noção de limite, de território conquistado e codificado. Serão as perguntas anteriores ou posteriores às respostas? Nesse sentido, essa foi uma década e tanto. Os anos 80 nos interrogam, são perguntas ou respostas? Para minha geração, que começou a atuar efetivamente nos últimos dez anos, as perguntas não combinam com as respostas e vice-versa. Concorre para agravar ainda mais essa "precariedade primária" a ausência de uma infra-estrutura e, pior, de inquietação e curiosidade.

Por tudo isso, para mim, o fato de poder colocar idéias e questões na grande imprensa, que em boa parte dos países encontraria espaço nas publicações especializadas e de circulação restrita, é um sinal de que é possível estabelecer intercâmbios imprevisíveis e multiplicar o alcance das idéias.

A reunião destes textos – escritos originalmente para jornais e revistas – é, de certa forma, um manual de bordo e de sobrevivência na selva. Inicialmente, esses textos funcionaram mais no sentido de um auto-esclarecimento de certos problemas e situações. São também um retrato em palavras de minha atividade como músico e compositor. Inclusive alguns desses artigos se referem especificamente a idéias e composições realizadas ou não nesse período. São textos que encerram uma possibilidade e um compromisso (novamente Gertrude em *Four Saints in Three Acts*); a possibilidade de clarear e colocar questões emergentes no processo criativo e da vida musical e articulá-los textualmente; o compromisso, dado o emprego "jornalístico" do material, de comunicabilidade com um público amplo, não iniciado na terminologia técnica da música.

I. SITUAÇÕES MUSICAIS

QUANDO O MEIO É A MÉDIA

1. O século XIX propiciou a fragmentação das consciências musicais. Os nacionalismos se desenvolveram. Os compositores e músicos mergulharam em suas diferenças e especificidades. O sistema tonal passou a abrigar vários dialetos.

Nossa reação típica com relação a uma nova tecnologia causadora de ruptura consiste em recriar o antigo meio em vez de prestar atenção às novas chances oferecidas pelo novo ambiente[1].

2. A velocidade de nosso século aprofundou as tensões entre criador, receptor e linguagem. Um paradoxo:

---

1. O texto em itálico faz parte do livro *O Espaço na Poesia e na Pintura Através do Ponto de Fuga*, de Marshall McLuhan e Harley Parker, São Paulo, Ed. Hemus, 1975.

a rapidez na renovação e invenção estética e tecnológica dos meios gerou uma "tradição" do novo. Essa "tradição" tornou-nos prisioneiros da chamada "velocidade moderna" cujas normas e leis – que determinam as possibilidades – têm como objetivo a geração da *novidade*.

O bom gosto é uma falta por omissão. Omite a percepção direta de formas e situações.

3. Essa situação é responsável – entre outras coisas – pelo estabelecimento e circulação de um código e repertório mediano internacional, aquilo que o músico norte-americano Dick Higgins chama de *mediocracia*: a democratização da mediocridade. Segundo Higgins, "vivemos numa mediocracia – sistema praticado pela mídia pelo e para o medíocre, em benefício do pseudocultural".

Se a água da banheira ficasse somente meio grau mais quente por hora, nunca saberíamos quando gritar?

4. A hegemonia desse código mediano de informações e conceitos (preconceitos) – imposta pelo poder econômico e outras formas mais sofisticadas de manipulação da mídia – deixa pouco espaço para o desenvolvimento de especificidades regionais, que de forma periférica ainda contribuem para realimentar e "legitimar" esse código. É a função apaziguadora dos sotaques no jogo de tensões e adaptações que sofre esse código mediano nas diferentes culturas.

O bom gosto é o primeiro refúgio do não-criativo. Significa o fim iminente do artista.

5. Os anos 80 caminharam no sentido de ampliar esse código mediano de informações. Por que não fomos "os primitivos de uma nova civilização"? (Boccioni)

Uma das peculiaridades da arte é ser útil como um antimeio, uma sonda que torna o meio visível.

6. As idéias de "simplificação" do código e material sonoro, como redenção para a música contemporânea, são defendidas por artistas que, capturados pelo sedutor olhar retroativo da pós-modernidade, buscam um idioma de embalagens atrativas que possa lhes conferir uma enganosa e cultuada aparência de contemporaneidade na medida em que através do abandono da operação crítica na elaboração das idéias mergulha no caos gozoso da *collage* – estabelecendo uma relação mais direta com o universo fragmentado e irracional –, reciclando materiais e ideais medianos. Tão ancestral quanto o impulso inventivo, é o apaziguador de tensões.

O bom gosto é o anestesiante do público. É a desculpa do crítico por falta de percepção.

7. A música contemporânea também possui o seu código sonoro típico, o seu dialeto, ou seja, seu repertório padrão que também poderíamos chamar de constante de informação, ou repertório clichê. Se no início as pesquisas com meios eletrônicos abriam novos caminhos para a linguagem musical, hoje – excetuando-se a pesquisa de ponta – a utilização desse verdadeiro arsenal eletrônico à disposição traduz, na maioria dos casos, o canto de sereia do oportunismo de nossos pós-modernos dias. Assumindo na composição e no processo composicional uma função ilustrativa, muleta de acabamento sonoro. Maquiagem sonora: *média*.

Assim como a máquina de impressão deu origem ao público como um novo ambiente, cada nova tecnologia ou extensão de nossas faculdades físicas tende a criar novos ambientes.

8. A simples utilização de quaisquer novos meios e materiais sonoros não garante absolutamente nenhuma nova situação. A procura de uma relação crítica com o material, que procure a ruptura com sistemas de adaptação e mediação em relação à informação e ao velho ambiente, é o resultado de uma operação dialética que envolve algo mais

que os aspectos técnicos. Deve equacionar sistemas e funções antagônicas e conflitantes, já que se trata de um processo de fricção informacional, de síntese não conclusiva.

O bom gosto é a expressão de uma colossal incompetência. Constitui a "imposição" do público elegante como uma máscara ou rede com a qual se capta a atração esnobe do meio ambiente.

9. Atualmente a pesquisa musical mais avançada em estúdio está relacionada aos programas de computação. Eles não fazem parte do panorama brasileiro. Resta-nos conviver com os produtos da vulgarização de um determinado "código sonoro", que é o mundo dos sintetizadores e *samplers* – que em sua brutal maioria serve apenas para o mimetismo dos instrumentos tradicionais – já à disposição a partir de trezentos ou quatrocentos dólares.

A arte moderna, no domínio da poesia, no da pintura ou da música, iniciou-se como uma "sondagem" e não como um acondicionamento.

10. Esse "código sonoro mediano eletrônico" era nos anos 50, em parte, o objeto físico das pesquisas pioneiras em estúdios de processamento de som. Hoje, incorporados como redundância informativa, encontra sua utilidade (um conceito tão cruel quanto inútil em arte) na música eletrônica de segunda mão e na música *pop*. Esse "código", que é no fundo apenas um catálogo determinado de sons, é responsável por "novas" embalagens que se faz na redundância e na repetição: a canção industrial *pop*.

O bom gosto é o recurso mais óbvio do inseguro. Pessoas de bom gosto compram ansiosamente os velhos trajes do imperador.

11. Uma utilização crítica do "código mediano" revela possibilidades inéditas na manipulação desse código. E o

que significa "utilização crítica"? Uma resposta para cada um, sem dúvida. Mas também uma pergunta.

Pode-se dizer que qualquer cultura que se alimenta dos seus antecedentes diretos agoniza. Nesse sentido, a tarefa do artista consiste em forjar os recursos da percepção, criando "antimeios" que descerrem as portas da percepção.

12. Não existem condições econômicas para uma pesquisa de ponta na área da música eletrônica no Brasil. Em termos gerais, essa falta de condições determina quantitativamente as diferenças e limitações na atividade criadora. Mas, por outro lado, a criatividade (síntese imprevisível) floresce na particularidade do criador.

O bom gosto constitui a estratégia altamente eficiente do pretensioso.

13. Justamente pela falta de condições e de estruturas de apoio, o verdadeiro criador não tem contas a prestar a ninguém. Restando-lhe apenas o vôo camicaze da criação radical, que, por definição, não se prende a estruturas nem ao bom gosto, por mais "pós" que seja, mas às próprias antileis de sua anarquia criadora.

Balé *O. de A. do Brasil*, com o Balé da Cidade de São Paulo, Teatro Municipal, 1984.

A CITAÇÃO E A SITUAÇÃO DA MÚSICA

1. No Brasil a música mais elaborada chamada de erudita, contemporânea, de vanguarda, em quase sua totalidade repousou e ainda repousa sob o signo da estagnação, da obviedade, e me desculpem os "bem-intencionados", cooptação acadêmica. Atualmente ela se pretende música com engajamento político-didático, enfim uma linguagem em regressão cada vez mais ousada e corruptora. Uma das faces dessa idéia de regressão é a mistificação fetichista da escrita, o culto vazio à gramática.

No ano passado voltaram à tona os "órfãos de Jdanov" e os discípulos diluidores de "Macho Villa-Bolos" no dizer de Cabrera Infante, que continuam obstruindo o desenvolvimento da criação inteligente, do alto de seus postos acadêmico-burocráticos. Sua tirania sobre os novos, ainda vamos dizer, recalcitrantes, é fruto do mais puro fascismo.

Por outro lado, observam-se as "experiências multimídia músico-espaciais *naïve*", flertes inconsistentes com os meios eletrônicos. E o que aconteceu com os compositores da vanguarda paulista da década de 60? Se havia projeto, hoje ele descambou numa negação do que foi feito, no silêncio insosso e fúnebre das cátedras universitárias e no silêncio sadio de Rogério Duprat. Pois, apesar de silenciar para a música de invenção, inventou a Tropicália. Não concordo com Paulo Venâncio Filho quando afirma, no *Folhetim* número 370, ser o tropicalismo "uma vanguarda retrógrada". Primeiro porque a Tropicália (não gosto de "tropicalismo") não objetivava ir além da bossa nova; pelo contrário, ela retomou o Brasil pré-bossa nova: Ary Barroso, carnaval, Carmem Miranda etc., e iniciou o Brasil eletrônico. Portanto a Tropicália não realizou uma superação no sentido linear, mas uma reavaliação da cultura brasileira de forma geral, introduzindo a música popular no mundo visual do *show business* da época. A presença de Rogério Duprat com seus inovadores arranjos foi de uma criatividade inesperada e inovadora no âmbito da música popular, ao contrário da bossa nova que em termos de linguagem musical utilizou um repertório mais ou menos fixo de acordes, soluções harmônicas, arquétipos melódicos e de instrumentação, já familiares à música popular norte-americana.

2. Novamente a música contemporânea. Estamos no reino do *efeito*. Oswald de Andrade diria que os "chato-boys" estão de parabéns! A linguagem musical sendo articulada através de efeitos de manga de colete (sempre eruditos e justificáveis sob o ponto de vista teórico). Uma das possíveis explicações para esse reinado da pirotecnia é que esses compositores estão alienados do *processo de criação*. Tornaram-se reprodutores da gramática musical. Por processo de criação entendo a necessidade da elaboração de um projeto criativo, de uma idéia integrada ao material com suas próprias regras e conflitos. Não tem nada a ver com "conteúdos". Às vezes colocando muitas idéias sobre a idéia da roda, nós a quebramos.

3. A citação musical é um procedimento estilístico utilizado desde há muito tempo na composição musical. Sua utilização se dá de diversas maneiras: quando a citação é motivada pela relação estrutural entre o material a ser cita-

do e o conjunto no qual será acoplado, por exemplo. Aí, o material citado adere totalmente ao tecido sonoro. Mas existe também a citação de caráter referencial, seja a um *estilo* ou a um *procedimento formal historicamente situado*, ou ainda a uma idéia não-musical (significados subjetivos inerentes à escuta repertorizada), como, por exemplo, a citação da melodia de um coral de Bach no *Concerto para Violino*, de Alban Berg. Nesse caso, apesar de a citação ser inserida como elemento formante (que detona procedimentos melódico-harmônicos específicos), ela cria também um novo plano de percepção do material como um todo.

Um outro tipo de citação, onde a potencialidade do material musical como informação objetiva, historicizada é o seu fator constitutivo mais importante, possibilita a passagem do material a ser citado de apenas referência a parte integrante de um universo mais complexo e heterogêneo: a colagem musical. Ela desenvolve-se através de cesuras, choques, superposições e contrastes sucessivos, bem como através de acumulação não excludente de materiais diversos. A *Quarta Sinfonia* de Charles Ives e os *Hymnen* de Karlheinz Stockhausen são dois exemplos, com resultados bastante diferentes, desse tipo de procedimento compositivo.

Radicalizando essa última forma de citação descrita acima, chega-se à *citação crítica*. Nela o material dialoga e interage com o todo, provocando outras leituras resultantes do choque informacional. Ela não privilegia nenhum aspecto em particular, transita e interfere em todos os níveis: a citação que muda a situação. Procede, uma interferência na estrutura da composição de forma a estabelecer conflitos e a propor vários planos de leitura da própria estrutura da composição. Em certos casos, opera uma carnavalização da linguagem, reorganizando os significados através de inversões. Por exemplo: *Socrate* de Erik Satie (filosofia grega e música de mobília), *Four Saints in Three Acts* e *The Mother of Us All* de Virgil Thomson e Gertrude Stein. Na citação crítica não existem relações estáticas entre material a ser citado e o todo, seus processos se desenvolvem a partir do choque e da reação desencadeada entre os materiais.

Finalmente, existe aquele tipo de citação que assume a função de tema a ser desenvolvido, como é o caso da música popular folclórica retrabalhada pela "música elaborada". É o tipo de procedimento em que necessariamente se perde dos dois lados, pois o material original é desfigurado e embalado pela realização musical "elaborada", que por sua vez não consegue se constituir em nada mais que uma embalagem vazia, uma confusão de repertórios que se anulam em acoplagens decorativas. Nesse caso, a citação só piora a situação...

1984

AS PROPOSTAS FICARAM NO PAPEL

O Manifesto Música Nova foi um texto de ruptura com o contexto musical da época (pobríssimo, exceção feita a Koellreutter), dominado pelo coro das carpideiras de Villa-Lobos. Remetia a uma postura internacionalista e pregava a exploração de novas linguagens e tecnologias na elaboração e comunicação artística. Enfatizando a "reavaliação dos meios de informação", procurava abordar os diversos desdobramentos da criação artística no mundo eletrônico propondo uma "educação não como transmissão de conhecimentos mas como integração na pesquisa".

Hoje, quando a aplicação da eletrônica na música está em permanente renovação e barateamento (condição vital para a sua utilização num país pobre como o Brasil), alguns dos objetivos expostos no Manifesto, como o emprego da "máquina como instrumento e como objeto", encontrariam um panorama mais favorável nos dias de hoje que no início dos anos 60.

Mas é inevitável uma pergunta, principalmente por parte dos músicos jovens: que resultados criativo-culturais gerou o Música Nova?

É inegável que o texto foi resultado de uma sintonia dos músicos brasileiros com o contexto internacional. Os seus interlocutores criativos eram a poesia concreta e as vanguardas musicais da Europa e Estados Unidos. Gilberto Mendes escrevia naquela época uma composição sobre o poema "Nasce Morre" de Haroldo de Campos, que é uma das peças mais importantes da música brasileira. Nos anos subseqüentes, cada signatário do Manifesto seguiu seu caminho pessoal, nada mais natural. No entanto, a sensação hoje é de que na prática as idéias do Manifesto foram pouco fecundas na própria obra da maioria de seus signatários.

Os mais ligados à música informal e multidisciplinar (de raiz cagiana) partiram para uma atuação na música popular, no período da Tropicália, escrevendo arranjos para canções (Júlio Medaglia, Sandino Hohagen, Damiano Cozzella e principalmente Rogério Duprat). Essa intervenção na linguagem do consumo, por seu caráter crítico, teve curta duração, mas resultou em experiências interessantes. Mas, cumprido um importante papel na renovação da música popular, esses músicos sucumbiram ou abandonaram os seus próprios projetos criativos anteriores a essa intervenção. A música popular seguiu o seu rumo mercadológico, o que colocou para esses músicos, de sólida formação técnica, situações incompatíveis até para a ironia e a paródia informal. Em seguida, não ocorreu um retorno da aventura do "produssumo" (produção e consumo simultâneos, na expressão de Décio Pignatari) para um trabalho de pesquisa e experimentação.

O mais importante é que no final dos anos 60 a música em âmbito mundial respirava uma pluralidade de meios e linguagens – já bem distante do período em que o serialismo integral funcionava como um dogma – que propunham novas soluções criativas. E foi justamente nesse período-chave que inúmeros compositores silenciaram ou adotaram uma espécie de sotaque clichê de música nova.

Os integrantes do Música Nova seguiram basicamente duas direções: Rogério Duprat mergulhou na música funcional compondo *jingles*, e os demais partiram para a universidade, onde atualmente alguns ocupam cargos. Já que esses músicos optaram pelo trabalho institucional, deveriam lutar para pôr em prática algumas das boas idéias do Manifesto. Mas não é o que ocorre. Ainda hoje os departamentos de música não têm sequer um estúdio de pesquisa sonora digno desse nome. Os mesmos músicos, que em 1963 criticavam o *establishment*, hoje, ao ocuparem posições no mesmo *establishment*, não estabelecem soluções para um panorama que se mantém medíocre. Aliás, parecem à vontade nesse contexto.

Por isso, é mais respeitável o silêncio de um Rogério Duprat ao estardalhaço da fanfarra dos corneteiros universitários e sua esterilidade engajada. Acredito que a obra crítico-criativa de Augusto de Campos é mais fecunda culturalmente que tudo o que se compôs na música brasileira contemporânea, exceção feita à obra de Gilberto Mendes. Ele é também uma exceção em relação ao grupo Música Nova, pois foi o único que assumiu uma responsabilidade cultural ao promover, por quase vinte e cinco anos, o Festival Música Nova. Sua obra reclama análise e estudo. Ele é um músico independente, aberto, e capaz de manter um diálogo fecundo com a nova geração de compositores, mais influenciada por Pink Floyd e Frank Zappa do que por Stockhausen e o serialismo.

Livre das questões programáticas dos anos 60 e 70, essa geração rejeita a "verdade" do "mestre", procurando na prática e não no discurso estabelecer as não-regras de seu manual de bordo. E ressente-se da falta de espaço para a música de invenção, que os músicos foram incapazes de consolidar nos últimos vinte anos. A nova geração parte do ponto zero, o que também é uma vantagem, já que está desobrigada de prestar contas a quem quer que seja. A música de invenção dos anos 80 desconhece os rótulos e os tabus que foram a base de um discurso não-dialógico, em que se converteu a autodenominada "crítica da modernidade", último recurso dos que já capitularam à invenção e procuram estabelecer uma cômoda mediocracia.

1988

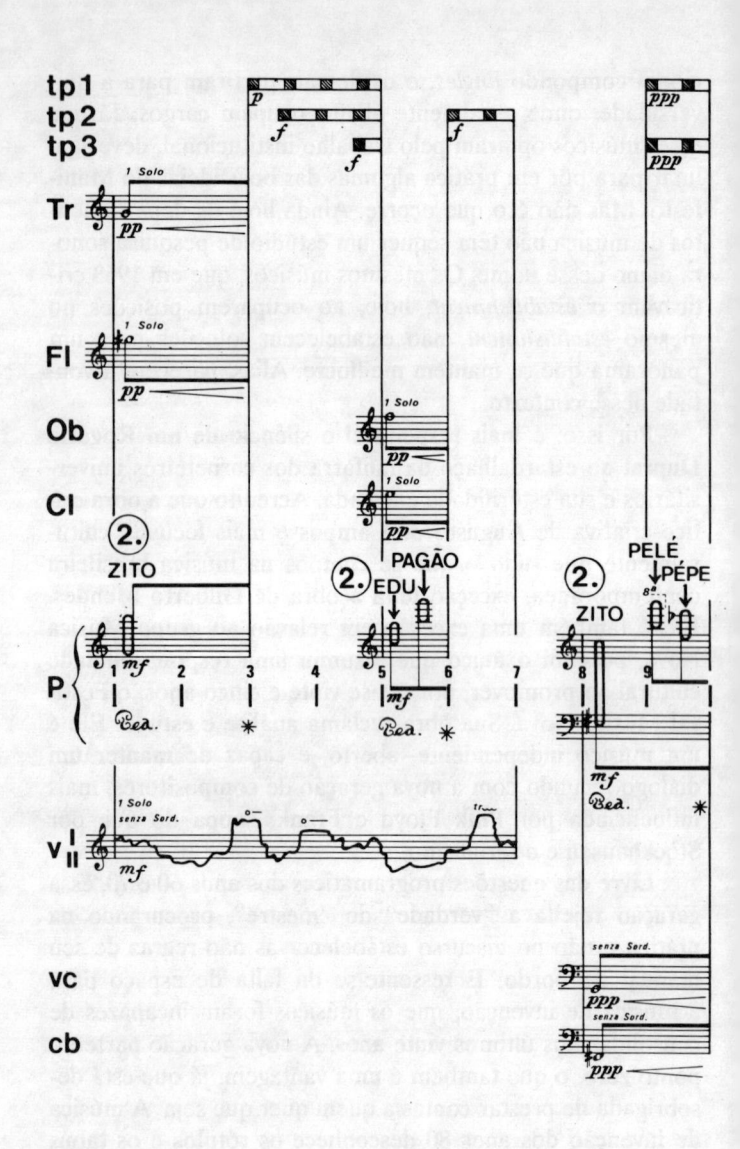

Santos Football Music, de Gilberto Mendes. Editora Sistrum.

SMETRACK!

O pessoal que acredita que modernidade é um luxuriante desfile de *griffes* e marcas filosóficas, artísticas e existenciais, deve ter dado um suspiro de alívio ao saber que Walter Smetak foi fazer suas pesquisas em outras paragens. Por que, sem dúvida, ele incomodava a confortável posição comodista de uma modernidade "feliz", do vale-tudo, vale qualquer coisa.

Smetak deixou uma enorme quantidade de projetos em andamento: escritos, instrumentos, gravações, que devem ser catalogados e conservados. Vamos ver se agora a Universidade Federal da Bahia se redime do tratamento dispensado em vida a esse criador e assume sua responsabilidade cultural.

Smetak era um alquimista, cultivava o empirismo como forma de desenvolvimento das percepções e do autoconhecimento. Ao lado de Julián Carillo, foi um dos pioneiros na pesquisa microtonal nas Américas.

Smetak sabia que as questões da criação artística não são somente técnicas, mas também filosóficas. E dentro dos caminhos construídos no percurso empírico da ação musical, criou um universo sonoro-plástico no "precário", em construção. "Tenho procurado diferenciar claramente o fazer som, um meio de despertar novas faculdades de percepção mental, e o fazer música, apenas um acalanto para velhas faculdades da consciência." Maior clareza *empírica* impossível.

A singular seriedade e total entrega com que Smetak conduziu a sua curiosidade nos remetem a outra figura nodal da cultura brasileira: Oswald de Andrade. Ao observar os instrumentos plástico-sonoros criados por Smetak vislumbra-se uma verdadeira equação antropofágica. Obra de um primitivo da nova era. Ao combinar materiais da natureza, como cabaças, e inseri-los numa situação físico-acústica sofisticada, Smetak parte para sínteses brutalistas que procuram, segundo suas próprias concepções, uma comunhão entre o homem e o cosmos. Instrumentos como o "Vau", "Vida", "Constelação" e "Selvadura" apontam caminhos absurdamente inéditos em termos de leitura musical, e o mais importante, são contundentes reflexões em torno da materialidade primária do som. Esses e muitos outros instrumentos podem ser vistos e ouvidos no disco *Interregno* lançado em 1979.

Na época em que tive um único contato com Smetak, estava trabalhando a idéia de um instrumento-síntese que se chamaria "Ovo", um instrumento oxímoro, fim-início, circular. Nele, poderia concentrar um grande número de possibilidades sonoras levantadas em seus muitos anos de pesquisa.

Pierre Schaeffer, pesquisador e compositor francês, desenvolveu suas pesquisas em torno da dissecação em estúdio do fenômeno sonoro. Baseado nos mais rígidos parâmetros científicos, Schaeffer colocou à disposição da comunidade musical importantes dados e constatações acerca dos diversos elementos constitutivos da matéria sonora. Smetak, por outro lado, mergulhado no caldeirão multicultural da Bahia, procurava através de uma postura místico-filosófica o conhecimento e o contato direto com a matéria sonora, em busca de uma síntese pessoal que traduzisse suas concepções acerca da vida, do meio e dos materiais que o rodeavam.

Dessa forma, ele explica o seu processo de elaboração e trabalho na gravação do disco *Interregno*:

> Esta pesquisa levou a uma quase infinita variedade da diversidade que não acaba mais; procuremos então os binóculos para acharmos o caminho de volta.

A música brasileira não tem nenhuma tradição de experimentação empírica e especulativa do material sonoro. A produção da música "nova" no Brasil nos últimos vinte anos foi dominada por idéias germânicas. Os compositores preferiram, na melhor das hipóteses, sintonizar com os procedimentos da vanguarda européia. Smetak, que era austríaco de nascimento, caminhou no sentido oposto.

É preciso "desfolclorizar" a personagem que se criou para Walter Smetak. Que é a do místico lunático, esotérico. É uma cortina de fumaça que esconde o preconceito contra o criador livre. Para as novas gerações e para o futuro, só interessa o Walter Smetak criador-visionário que, sem dúvida, semeou num campo novo, mas fértil. Uma possibilidade.

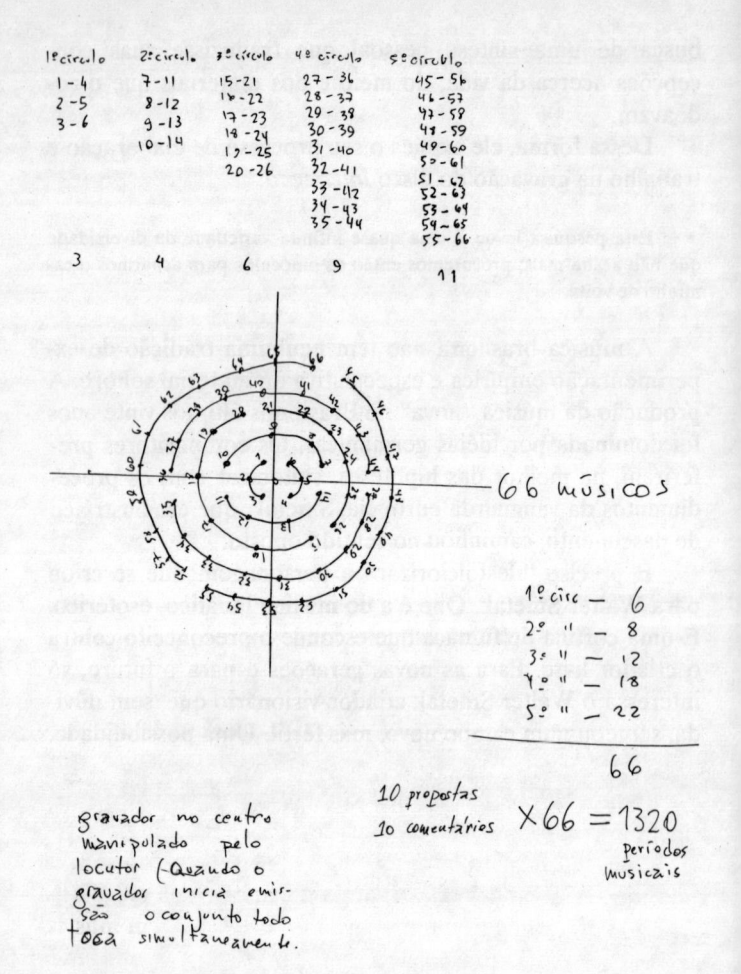

1º círculo	2º círculo	3º círculo	4º círculo	5º círculo
1 - 4	7 - 11	15 - 21	27 - 36	45 - 56
2 - 5	8 - 12	16 - 22	28 - 37	46 - 57
3 - 6	9 - 13	17 - 23	29 - 38	47 - 58
	10 - 14	18 - 24	30 - 39	48 - 59
		19 - 25	31 - 40	49 - 60
		20 - 26	32 - 41	50 - 61
			33 - 42	51 - 62
			34 - 43	52 - 63
			35 - 44	53 - 64
				54 - 65
				55 - 66
3	4	6	9	11

66 músicos

1º círc — 6
2º " — 8
3º " — 12
4º " — 18
5º " — 22
———
66

10 propostas
10 comentários × 66 = 1320 períodos musicais

gravador no centro manipolado pelo locutor (Quando o gravador inicia emissão o conjunto todo toca simultaneamente.

Esquema inicial, 1983, da composição da música para *Galáxias*.

SONAR DAS "GALÁXIAS"

Anton Webern, o genial compositor cujo silêncio tem incomodado muito nas últimas décadas, escreveu em 1935 *Das Augenlicht* para coro misto e orquestra, iniciando o ciclo das três grandes obras vocais do fim de sua vida. Essa composição inaugurou uma nova fase na linguagem musical no que se relaciona à palavra cantada. Webern utilizou uma escrita vocal que coloca o canto numa nova superfície sonora, com uma dramaticidade plena de suspensão temporal, paralisante. Através do canto *fala* um "outro" que conduz o desenvolvimento musical, mas que, em termos de macroforma, o engloba também na forma de um *cantus plenus*.

Essa peça de Webern me parece ter um grande parentesco com a formulação nodal do texto *Galáxias*, de Haroldo de Campos. Eu explico. Um verdadeiro caleidoscópio, onde os elementos constitutivos fazem parte da microforma e englobam as demais, já como elementos de macroforma.

Galáxias foi um texto iniciado há vinte anos e *talvez* concluído em 1973. Um texto que escorre pelo papel, onde o sujeito é o objeto, e o objeto é o sujeito etc.: autofagia textual. Em 1981, comecei a musicar trechos das *Galáxias*. Este artigo relata algumas situações de linguagem, e situações criativas encontradas no percurso do trabalho.

As "estruturas musicais" fluem nas *Galáxias* de tal forma que em certos momentos nos transporta até o universo melopaico ruminante de Gertrude Stein e do Cage de *Empty Words*.

Palavras ocas, reverberantes, sarampo estelar. O quase-Eu narrativo, nunca onipresente. A palavra está no papel, mas, sobretudo acima, na garganta. *Galáxias* é uma longa locução no pé do ouvido da rua. "Texto-superfície", no dizer de Max Bense, impõe um grande desafio à linguagem sonora. Que tende, ainda que de forma a não dispensar os paralelismos e a polifonia, a linearizar (temporalizar) a informação textual.

O isomorfismo textual não basta: o texto já é isomórfico de si mesmo. Por exemplo, o trecho: "...enfimagorahojevocê o céu limpa-se de entre-nuvens turvas lava-se num azúleo docel goya onde anjos-damas podem reclinar-se..." (p. 217)[1] é de agógica complexa.

A seqüência "enfimagorahojevocê" impõe um *accelerando* na leitura, que descreve um *zoom* cinematográfico: da interjeição "enfim" ao "hojevocê" focado e positivo. Em seguida, um *rallentando* em "o céu limpa-se..." A realização musical deve captar esse tempo interno e agir de forma a acentuá-lo ou confrontá-lo. Haroldo de Campos se refere às *Galáxias* como uma experiência "epifânica" ao invés de épica; traduzida no emblemático subtítulo do texto: "Fragmentos Possível Figura". As palavras se sucedem compulsivamente, em frases-cadeias, ou seções temáticas – de estímulos marcadamente aliterativos, rítmicos e semânticos, em separado ou em conjunto, tornando a alternância desses

---

1. A numeração da página refere-se ao livro *Xadrez de Estrelas*, Ed. Perspectiva, 1976. Posteriormente, *Galáxias* recebeu uma edição completa: Editora Ex-Libris, 1986.

estímulos a força motriz do texto – onde não há tempo para a respiração da vírgula ou a suspensão do ponto. As palavras são mais do que nunca *matéria*, ou como escreveu Beckett a respeito do *Finnegans Wake* de Joyce: "A obra não é sobre alguma coisa. É ela própria essa alguma coisa". Texto-umbigo, espiralado, *Galáxias* é um texto circular ("O fim está no começo"). Círculo-Viscoso, em plena era do Caos. Descondicionado o ato de ler, de iniciar.

A *Troisième Sonate pour Piano* de Pierre Boulez também propõe a circularidade ao nível de grande forma (um paradoxo tipicamente bouleziano?). Boulez explica: "O formante comporta quatro seções. A ordem para tocá-las é cíclica". Ele define a peça como uma "espiral no tempo". Através de cinco formantes independentes (cada formante já é um microciclo) o executante costura a seqüência de sua preferência, orientado por percursos balizados pelo compositor previamente (ah, como cabe aqui a famosa dúvida hamletiana...). São possíveis oito permutações, isso porque já está fixado um eixo central, o formante "Constelação-Espelho". A manutenção desse eixo é fundamental para Boulez, que assim pode abraçar *à la française* o acaso. Só que nesse caso, acaso premeditado, controlado; que não é utilizado como elemento *estrutural*, mas *funcional*, inserindo-se num repertório limitado de permutações, no decorrer do discurso sonoro. Aliás, o termo "discurso sonoro" é um índice do determinismo, tão criticado por Cage, na música européia dos últimos trinta anos.

O que aproxima *Galáxias* da *Troisième Sonate* é sobretudo a relação entre as "estruturas locais" (Boulez) e a macroestrutura, além da circularidade já levantada. É uma reverberação especial, que leva em conta principalmente a particularidade dos formantes, alternando processos acumulativos e dissociativos.

Num outro contexto, Adorno procurou explicar a complexidade do mosaico temporal da música de Gustav Mahler, identificando "séries de base" que se desenvolveriam a partir de diferentes eixos.

Com relação, ainda, às microestruturas, *Galáxias* se utiliza de procedimentos "aleatórios", ou melhor, de clara raiz "epifânica", de matriz trocadilhesca, com relação às palavras. Seqüências se desenvolvem a partir de uma sugestão sonora, semântica, ou como jogo de palavras que irrompe de frases-cadeias.

Sobre a "estrutura musical" de um texto, tem-se um exemplo já clássico na literatura contemporânea: o episódio das sereias do *Ulisses* de Joyce. O paradigma europeu, o primo prosa porosa. Nesse episódio, Joyce propõe um paralelo com a forma musical conhecida por *fuga per canonem*. No entanto, a complexidade de espaços-tempos simultâneos, recorrências e pluritematismo, extrapola, em possibilidades de percepções e leitura, uma simples analogia com a forma musical. E é justamente essa complexidade não-reduzível a esquemas que nos interessa. Joyce recria e adapta a morfologia segundo as suas necessidades. Anthony Burgess, a esse respeito, já nos apontou os limites estruturais de um texto, para *imitar* uma forma musical.

Quanto ao episódio em si, sua organização obedece à apresentação e ao desenvolvimento de *motivos* (menor célula de organização musical temática), que se sobrepõem em tempos e durações diferentes (cânon), criando assim uma textura contrapontística e dialógica.

Vamos nos ater a uma seqüência desses motivos apresentados: o motivo *bronze-ouro*, e seu desenvolvimento na parte inicial do episódio. "Bronze com ouro ouviram os ferrocascos" (p. 290, na tradução de Antonio Houaiss). Joyce expõe o tema do dinheiro, cujo som é confundido com o do diapasão e do piano; e que se relacionará no decorrer do episódio. O som das moedas e os sons musicais.

Em seguida, como contraponto, um motivo número dois: "Impertexnentx txnentnentx", ruído provocado por uma "bicanca-de-botas", após a sereia-garçonete reclamar da impertinência de um "piralho". Variação do primeiro motivo: "Uma vibrinota pífana assoprou". Motivo número três (ou reaparição do motivo número dois, transposto): "Uma saltitante rosa no acetinado peito de cetim, rosa de Castela" (Sereia-garçonete). Mais à frente, ele reexpõe o primeiro motivo: "Bronze com ouro" (p. 292), "ouro-bronze juntaram-se" (p. 295), e daí por diante... Na linha de recriação intersemiótica é obtido um verdadeiro "trinado": "interminabilidadedadedadedade".

Os nomes das garçonetes obtêm, também, uma conotação musical. Miss Lydia Douce evoca o modo lídio. Miss Mina, o modo menor. Também no momento em que Leopold Bloom redige uma carta, é introduzida no texto a seqüência de notas: "lá-lá-lá-ré". Um salto melódico de caráter resolutivo.

Reverberam nas *Galáxias* esses procedimentos de linguagem. Uma polifonia a uma voz! O Eu narrativo desloca-se do pessoal (e no entanto é profundamente vivencial). O *phatos* é camaleônico. Ao contrário do que ocorre no *Ulisses*, onde há um "distanciamento do pessoal para o épico" (Harry Levin).

Joyce situa seu romance precisamente: 16 de julho de 1904; a multitemporalidade da viagem "galáctica" nos conduz através de um "buraco negro" da linguagem. Um pré-discurso. Um pós-discurso.

Ouvir o sonar das *Galáxias* é ouvir o sopro da linguagem, inferno de *all-street*. Mapa de areia, escrito num livro de areia. Assim como Joyce escrevia o *Ulisses*, tendo ao lado um mapa de Dublin.

Uma expedição musical deve explorar os níveis espaço-temporais, no sentido de incorporação de microestruturas, microuniversos sonoros das mais diferentes naturezas; tendo na forma labiríntica um possível manual de rotas, por onde um poeta-falador-locutor passeia sua fragmentariedade, fazendo soar o caminho por onde passa, assim como um trovador extraviado, errante, ou ainda um "zerotriste" deslembrado.

Ecoa Oswald de Andrade e a fascinação pela *viagem*. A viagem galáctica do texto de Haroldo de Campos é uma miragem, ou como ele próprio escreve:

...onde a viagem faz-se nesse nó do livro onde a viagem falha e falindo se fala onde a viagem é poalha de fábula sobre o nada é poeira levantada...

1983

Balé *O. de A. do Brasil*, com o Balé da Cidade de São Paulo, Teatro Municipal, 1984, (Foto de Sérgio Moraes, Banco de Dados da *Folha de São Paulo*).

TRANSCRIAR O PASSADO

De que forma interessa aos criadores o folclore musical? E a "tradição" da música erudita brasileira? Como se situar nessa "tradição"?

À procura de alguma resposta, é interessante observar a trajetória de um compositor brasileiro, falecido em 1931, que viveu de forma intensa a evolução de seu processo criativo. Luciano Gallet[1], pianista e compositor, cujo trabalho percorreu os caminhos da experimentação individual numa primeira fase, para posteriormente encaminhar-se para o nacionalismo musical.

Através de um artigo seu, "A Missão dos Músicos de Agora"[2], Gallet estabelece a postura que norteou sua

1. Sobre Gallet, existe um importante estudo de CHAGAS, Paulo C. A., *Luciano Gallet via Mário de Andrade*, editado pela Funarte em 1979.

2. Revista *Webo*, Rio, 1930.

criação nacionalista, e que certamente influenciou todo o meio musical da época. As idéias de Gallet estavam em perfeita consonância com as de Mário de Andrade. Aliás, Mário teve forte influência sobre Gallet, como prova a farta correspondência entre ambos.

O caso Gallet é rico e tem algum paralelo com a trajetória estética de Villa-Lobos, que também provou da experimentação individual (harmônica, melódica e timbrística) numa primeira fase, abraçando posteriormente a estética do nacionalismo.

Vejamos, Gallet começou como "pianeiro". Tocava nas salas de projeção cinematográfica, acompanhando os filmes. Depois, ele ascendeu. Chegou a ocupar a direção do Instituto Nacional de Música no último ano de sua vida.

Ele procurou um processo de criação musical próprio. Um percurso que conciliasse individualidade e contexto cultural. "Ser livre. Quis uma personalidade. Fugi da imitação." Gallet partiu para a harmonização de canções populares brasileiras. Um trabalho didático, seguindo os postulados de Mário de Andrade, que achava necessário, num primeiro momento, a pesquisa da música brasileira pelos compositores: "A música brasileira não está em condições de permitir aos seus compositores a pretensão de criar "livremente"[3]. Num segundo momento, poder-se-ia chegar à criação a partir do material pesquisado.

Luciano Gallet, ainda em seu texto "A Missão dos Músicos de Agora", da fase nacionalista, afirma que os "adeptos" da música brasileira aumentam. E, em tom de *mea culpa*, aponta "influências alheias" numa obra sua. E, ainda, a uma suposta pergunta sobre por que não utilizava os temas das canções populares que harmonizava em suas composições, respondeu: "Sairia brasileiro?" Paradoxos.

O cru e o cozido. A cultura brasileira. O passado musical (material coletado e codificado segundo os parâmetros da musicologia européia), da forma como foi e é encarado e utilizado, gera a paralisia do próprio processo que o gerou. Cortando, portanto, qualquer possibilidade de evolução, diálogo histórico e crítico.

3. In *O Banquete*, p. 151.

Os teóricos do nacionalismo defenderam a *purezu* da cultura local, nacional, contra a investida do "estrangeirismo deformante". Só que com as roupas velhas do imperador. Mas Gallet, ao harmonizar as canções populares, por exemplo, serve-se de um repertório alienígena em termos de elaboração melódico-harmônica, que atenta contra a suposta imaculada pureza musical que ele próprio defende. Harmonizar é recolocar, interpretar sob novas fórmulas e regras. Código sobre código.

O nacionalismo musical é piada de português (ou italiano), ele não é o depositário de uma expressão cultural pura, que no fundo é um conceito abstrato e enigmático se lançarmos um simples olhar retroativo à história da expressão humana.

O material harmônico, melódico, timbrístico e formal da escola nacionalista brasileira se constitui, de forma geral, dos mesmos elementos das músicas "nacionalistas" do século XIX, como Sibelius, Rimski-Korsakov, Glinka etc. E, ainda, na articulação formal ao Romantismo europeu.

Por exemplo, o *Concerto sobre Formas Brasileiras* de Hekel Tavares. A composição é um pálido espelho de Chopin, e do Schumann do *Concerto em Lá Menor*.

O nacionalismo recebeu também forte influência de certo "impressionismo" e da escola mais acadêmica da música francesa do fim do século passado. E mais recentemente vem utilizando certos procedimentos da música contemporânea, levando ao limite a contradição – que nesse caso beira mais a confusão conceitual aliada a um certo oportunismo –, entre idéia e material musical.

Luciano Gallet foi um compositor que apesar das posições adotadas em defesa de uma mitológica "música nacional", deixou obras de interesse, anteriores à militância nacionalista. Como a peça para piano *Hieroglyfo* de 1922 e as *Deux Chansons de Bilitis*. Mas, principalmente, vestígios (em seus escritos) de um conflito estético genuíno. A evolução de seu processo criativo, em certo momento, o aproximou (ainda que timidamente) das teorias de Arnold Schoenberg: "Há por aí um pouco de Schoenberg". Gallet tentou em um determinado período se livrar de uma tradição de servilismo musical das gerações anteriores e da sua própria geração.

Fugiu da "síncopa característica", que como um saci-pererê endiabrado belisca à noitinha o calcanhar de nossos compositores-garimpeiros, que encontraram no folclore musical a sua serra Pelada. Como não usufruir de mãe tão gentil!

O paternalismo cultural do nacionalismo é uma forma sutil de dominação. A meu ver, pelo fato de nossa cultura ser uma resultante de diversas influências (África, Europa), devemos encará-la com liberdade. Não se aprisionar nela mesma. Ao criador de hoje resta um "descompromisso" com um conceito estático de "tradição cultural" unívoca e linear.

A própria multidirecionalidade das expressões culturais no Brasil deve servir de exemplo e demonstração de que é necessário explodir, dinamitar a linearidade. Transcriar o passado.

Agora mais do que nunca, depois que o país foi devidamente rifado ao Fundo Monetário Internacional (FMI), é defasado e antagônico a música brasileira permanecer no berço esplêndido de um comodismo cósmico, que nos levou a perder tanto tempo e energia com essa confusão conceitual chamada nacionalismo musical.

1983

DEFESA DE CARLOS GOMES
CONTRA SEUS ENTUSIASTAS

...há corpos d'agora, com almas d'outrora.

Eça de Queirós

Ao longo do tempo a figura de Carlos Gomes sempre atraiu – como um ímã – o que houve de mais acadêmico e conservador na cultura brasileira. Eleito mais um herói de uma tradição que vive mais de heróis do que propriamente de idéias e realizações, Gomes é antes de mais nada o símbolo de uma sociedade em princípio de afirmação como mimetismo sócio-político-cultural.

Mas agora, nos anos 80, quando o nacionalismo "erudito" musical morreu de sede em suas próprias águas, o mito-herói Carlos Gomes paira – como totem sem ritualística – solto, para diferentes abordagens de interpretação, interpenetração e recriação.

"Fazemos de Bach (seus religiosos entusiastas) um compositor para festivais de órgão, celebrados em cidades barrocas bem conservadas: fizeram-no um fragmento de ideologia[1]."

"No Rio não me querem nem para porteiro de Conservatório", disse no final da vida Carlos Gomes.

1986: cento e cinqüenta anos de nascimento. Se depender das instituições culturais públicas e das associações de entusiastas, as comemorações e homenagens não vão escapar da mesmice e de um certo espírito arrojado e voluntarista do "Tonico" de Campinas. Ele foi o primeiro compositor brasileiro a encarar sua atividade como profissão liberal, e o primeiro a exercê-la na Europa, o mercado mais competitivo na época. Após conseguir a ajuda oficial da Coroa, partiu para a conquista do mercado do teatro lírico, e levando em conta as limitações de seu projeto estético, conquistou-o com o retumbante sucesso de *Il Guarani*. Uma exceção, até para os dias de hoje, onde atividade de compositor ainda é, na esmagadora maioria dos casos, atividade profissional secundária.

O exemplo mais importante é o de Villa-Lobos dos anos 40 e 50, quando sofreu uma recaída do artista-funcionário público, e em certa medida reencarnou o primeiro Carlos Gomes que trabalhava sob as ordens de Dom Pedro II. Na "Nova República" essas "reencarnações" são mais discretas e de gabinete. No entanto, *grosso modo*, e em larga medida, os compositores da chamada música erudita contemporânea brasileira repousam sob o confortável burocratismo cultural dos organismos estatais.

"Carlos Gomes tornou-se talvez o maior herói não-militar do decênio 1870-1880", escreveu Gilberto Freyre.

A reinterpretação de Gomes encerra uma possibilidade e um compromisso. A possibilidade é de buscar, através de sua obra, revelar as tensões subterrâneas de sua linguagem musical em contraponto com o panorama cultural de sua época. O compromisso é reinterpretá-la à luz de seu pró-

---

1. ADORNO, Theodor W. "Defensa de Bach contra sus Entusiastas", in *Prismas*, Ediciones Ariel, 1962.

prio percurso na atividade cultural até os nossos dias. A história seria um dos agentes principais da interpretação de sua linguagem musical.

Carlos Gomes foi um contrabandista de linguagens. Operou um "contrabando" de temas, formas, fôrmas e clichês. Adaptou um tema "nacional" à forma alienígena. No entanto, esse contrabando – do qual emerge uma inevitável área de estranhamento tanto ao nível estilístico, como temático – resulta num espaço onde os signos estão em conflito, alheios a sínteses purificantes. Uma nova interpretação, ou abordagem, da obra de Gomes deve trazer à tona essas áreas sígnicas em tensão, como o impulso que justifique um retorno ao compositor de costeletas.

Nessa direção, seguem algumas quase-idéias, roteiros possíveis para a recriação do universo operístico de Gomes:

1. *O Guarani* com libreto traduzido e adaptado para o tupi-guarani, sem modificação nas linhas vocais, mas com modificações na instrumentação. Várias direções possíveis. Reduzir a orquestração tradicional à mecanicidade de uma *musical box*, ou ainda uma transposição das linhas melódicas para um conjunto instrumental percussivo (com ampla utilização de percussão melódica). Materializar a intenção de "folclorizar", de apresentar o exotismo temático. Como moldura, o toque de Glauber Rocha: o Teatro Municipal (sim, porque ele é o legítimo berço dessa insondável cultura brasileira de que tanto se fala), entulhado de plantas, árvores e animais, uma selva selvagem. Finalmente, a inclusão de textos de Sousândrade, Oswald e Mário de Andrade (*As Enfibraturas do Ipiranga*, por exemplo), que delineiam um dos percursos possíveis de releitura através da produção modernista, em contraponto com a fôrma Carlos Gomes.

2. *Lo Schiavo* cantado por um elenco de cantores negros e mulatos (cinqüenta anos depois de *Four Saints in Three Acts* de Virgil Thomson e Gertrude Stein e *Porgy and Bess* de Gershwin). Ou ainda transformá-lo no primeiro "Hum-tchá-tchá" – samba-enredo – sinfônico da Passarela do Samba no Rio de Janeiro.

3. Representação simultânea de *O Guarani* e *O Contratador de Diamantes* de Mignone. Ou também em reveza-

mento com peças de Villa-Lobos como a ópera *Zoé* (1919), a da mulata-Salomé, ou *A Descoberta do Brasil* (1937). É curioso que, ao final da vida, Villa-Lobos tenha retomado o tema indigenista com uma ópera inacabada *Ameríndio*. Essa combinação traduziria um verdadeiro mosaico-mausoléu que através da sobreposição e justaposição emitiria significados que estabeleceriam pontes e conexões entre as obras desses compositores que participaram, cada qual segundo suas possibilidades, com um projeto de adaptação de uma linguagem musical européia a temas locais.

> Cabeleira de chantagem
> Celebridade por hora e por táxi
> Parlapatão
> Bombardino de barbeiro
> (...) Repousa como um índio
> Sob a árvore nacional da confiança[2].

Apesar da enorme diferença entre as obras de Carlos Gomes e do poeta maranhense Joaquim de Sousândrade na abordagem do tema indigenista, ambos no final de vida passaram por situações de ostracismo e rejeição. Gomes, pelo apoio convicto a Dom Pedro II; Sousândrade, pelas idéias republicanas avançadas demais para a nascente república. "Com mil demônios, acabamos assim! Fim de um triunfiasco", anotaria Gomes no final do autógrafo de *Joana de Flandres*. Para o compositor, o índio era o bom selvagem do Romantismo, que cantava em italiano. O índio de Sousândrade não sofre de idealização moral, mas de idealização literária. Isto é, apesar de o autor de *O Guesa* apreender o índio em sua realidade materializada, ele projeta nessa figura mitos e citações de um universo mítico e épico da literatura, especialmente da poesia romântica. Para ele o indígena – que conheceu em viagens pela Amazônia e América do Sul – não é uma vítima passiva da conquista, a essa imagem ele procura contrapor um índio degradado, mas agressivo e canibal. Que "materializa" seu potencial antropofágico, através de sua poesia, especialmente no episódio

---

2. Oswald de Andrade, *O Artista*.

do "Tatuturema". O Guesa é, de uma forma própria, uma espécie de nova encarnação de Ulisses, do Dante que desceu ao inferno e de Fausto. Uma personagem que dialoga com a linguagem. É o índio decaído, de uma civilização decaída, ao contrário do índio heróico de Gomes. O Guesa vai ao centro do capitalismo nascente na América, o mundo da usura dos "cheques", e ao Amazonas, onde presencia o rito bárbaro do Jurupari (em "Tatuturema").

...já sabes que não era possível passar este centenário colombiano sem dar sinal de vida. O tal nhô Colombo andou em 1492 agarrando macacos pelo mato e metendo medo em gente. Eu, porém, que sou meio homem, meio macaco velho, acabo de me vingar dele, pois agarrei no tal nhô Colombo e botei-o em música desde o dó mais grave até a nota mais aguda da rua da amargura. Eu vingado... arre diabo![3]

O índio devorador de Oswald – primitivo tecnizado – é mais uma tradução do índio bom de Gomes e do índio de Sousândrade. Ver Carlos Gomes com os olhos de Oswald e Sousândrade é também uma forma de ver o velho com olhos novos.

1986

---

3. Carlos Gomes, 1892.

INFERNO DE WALL-STREET (THE WALL STREET INFERNO)

para Beatriz e Maurício Tragtenberg

texto: Joaquim de Sousândrade
música: Livio Tragtenberg
versão para o ingles: Robert

ATO I, CENA I (ACT ONE, SCENE ONE)

O Guesa sentado. Ao seu redor um círculo de clarinetes: I II, e ao lado de cada III * IV clarinete uma voz feminina, totalizando 4 sopranos.

Guesa seated. Around him a clarinets circle: I II, and beside each clarinet, one female III * IV voice, to complete 4 sopranos

voz de criança (children's voice):"(forte) O Guesa escrevendo personals no Herald e consultando as sibilas de New York." (repete uma vez)
"(forte) Guesa writing personals in the Herald and consulting the sybils of New York". (repeat one time)

* vibrato com a garganta, entonação variável.

livio tragtenberg

Início da ópera *Inferno de Wall Street*, 1982 - 1988, de Livio Tragtenberg.

O "INFERNO" E A MÚSICA EM MOVIMENTO

"A partir do serialismo integral, a música contemporânea ficou num beco sem saída." Esse foi e é o discurso de emparedamento com que a minha geração se confronta. Sob essa afirmação se escondem, frustrados, os conservadores e os inimigos da invenção. Há quase trinta anos se ouve isso! É uma espécie de epitáfio que teve sem dúvida um efeito devastador sobre toda uma geração. Procurou tornar-nos órfãos do rigor e colocar-nos à deriva nos sem-rumos de um irracionalismo.

"Nicht! Nicht! Nicht!", ecoa o final da *Cantata nº 2* de Anton Webern.

Não vamos transformar as coisas num Fla *x* Flu. Os caminhos criativos são infinitamente amplos e particulares, cada vez mais particulares. Essa é a marca mais forte do período pós-serial. A particularidade cada vez mais acentuada domina e determina os processos técnico-criativos dos diferentes compositores, e mesmo de diferentes composições de um mesmo compositor.

Essa diversidade em simultaneidade é a paisagem principal de nosso tempo.

Essa multiplicidade tem sido a responsável pela velocidade delirante com que os signos e as linguagens têm se relacionado e se influenciado. A música vem buscando em outras linguagens formulações formais e teóricas que possam enriquecer a estruturação de um discurso musical livre de um antagonismo entre o "cientificismo" estabelecido pela escola serial e uma regressão auditiva e formal, encarnada pelo neoclassicismo e pelo minimalismo.

Ezra Pound disse que a poesia é uma composição de palavras posta em música. O aspecto *musical* da poesia pode conter diferentes leituras. Não significa apenas um recurso, ou efeito, que é captado no nível semântico com ressonâncias fônicas de caráter decorativo, ou ainda, emoldurativo. A musicalização de poemas ou textos deve obedecer a um plano estrutural de diálogo gestáltico, por princípio. Atualmente, a poesia vocal, ou poesia-fônica performática, como é mais conhecida, revela justamente essa deficiência na captação da *gestalt*, revelando apenas os aspectos superficiais na transposição de linguagens, caindo numa gratuidade na utilização dos meios.

As estruturas textuais, ao longo deste século, têm oferecido as mais diversas soluções para se escapar de um eixo problemático de polarização da arte deste século: *clareza formal* versus *formas abertas* (não-linearidade). Dessa forma, Pierre Boulez encontrou em Mallarmé, e John Cage em James Joyce, um arsenal de situações-desafio na evolução das linguagens. Essas situações-desafio têm a ver com a própria formulação da arte, e são elas que dinamitam os sistemas e os conceitos cristalizados.

Claro que o que estou falando não tem nada a ver com procedimentos como: *Poema a Stalin* de Aram Khatchaturian, ou *América* de Ernst Bloch. Música funcional. Mas que "funciona" para quem? Por exemplo, Charles Ives. Durante toda a sua vida foi mantido à distância e sua obra esquecida, quando não, menosprezada. Agora que se comemora o bicentenário da Independência norte-americana, ele é o "compositor da América".

Sistema musical significa paralisia. Regime musical significa paralisia. Perguntaram ao compositor Morton Feldman:

" – O que você pensa dos compositores que se alojam numa técnica, num sistema?"

Ele respondeu:

" – São como os tipos de quarenta anos que vivem ainda na saia da mamãe".

O músico está voltando a conviver mais de perto com a música porque tem aceitado uma multiplicidade nata no material sonoro e em suas utilizações. A dificuldade maior está em ultrapassar a fase da pirotecnia, que ainda domina a maioria dos trabalhos na área da música ligada a outras expressões, especialmente performáticas. A questão é transpor uma fase de reconhecimento de um repertório de possibilidades, para depois estabelecer alguns parâmetros sobre os quais irão se desenvolver as pesquisas com as linguagens.

Evidentemente existem as exceções, que já se colocam num domínio além do espetacular e do pirotécnico. Jean-Paul Curtay, compositor francês residente nos Estados Unidos, utiliza seus conhecimentos em medicina (é médico formado), para criar sua *body music* a partir da exploração do aparelho vocal, obtendo interações com o corpo humano como um todo. Tem decodificado num sistema icônico dezenas de sons, com os quais trabalha. John Cage coloca o seu trabalho dentro de uma tradição de exploração sonora ligada à música da Índia. Com Curtay se conclui: somos um amontoado ambulante de instrumentos sonoros agrupados num só corpo.

Dieter Schnebel é um compositor que pesquisa uma *Ursprache*, pré-articulada. Sobre seu trabalho *Glossolalie*, escreve: "O princípio de *Glossolalie* é muito simples: *falar* como música e *música* como linguagem. É uma música que se situa entre a palavra e a música, nem uma nem outra".

O músico volta seus ouvidos para dentro. Para a respiração, a articulação muscular, a gesticulação, a pré-música, as primeiras diafonias. Para fazer soar o corpo.

Uma outra manifestação dessa complementação e conjunção entre a palavra e o som é a chamada "poesia sonora". Os poetas-*performers* proliferam na Europa e nos Estados Unidos. Geralmente apresentam um conceito raquítico de vocalização e ainda um completo desconhecimento técnico-musical. O resultado é a declamação, ou seja, uma transposição do texto para uma leitura dramatizada. A. Lora Totino (1928) criou a "música e poesia líquida", que considera um tipo de poesia de cabaré, "que espirra espermas poéticos sobre o público". Pesquisa também a "fala natural", e suas propriedades específicas, em contraposição à artificialidade da melodia do canto tradicional. Junto ao músico, Enore Zaffrini criou instrumentos como o *tritaparole* (uma espécie de berrante de metal) e o *mozzaparole* (cone pequeno de metal com a extremidade em forma de um pequeno círculo). Inspirado no *Manifesto sulla Declamazione Dinamica e Sinottica* de Marinetti (1916), integra a palavra e a mímica no que chamou de *poesia ginnica*. Na esteira da tradição futurista italiana, encontra-se Adriano Spatola (1941): "Penso que a música fonética é um meio insubstituível para transformar a escrita em voz. Utilizo instrumentos de percussão e uma vaguíssima idéia de baixo contínuo. Sobre tudo isso, abre-se um amplo espaço de improvisação".

A questão que se coloca na oralização, vocalização ou teatralização do texto poético pertence ao mundo da forma. Quando não existe uma clareza quanto aos meios e materiais adequados a uma estrutura complexa que envolve mais de um código, o resultado tende para a diluição da forma. Nesse sentido, não se deve recorrer a um outro sistema de signos, com a intenção de amenizar as tensões já existentes no objeto, pois sobreposição também é posição *sobre*.

O "Inferno"

Para concluir, um exemplo próximo de interação entre formas textuais e musicais. Joaquim de Sousândrade (1832-1902), autor de *O Guesa*, no episódio "Inferno de Wall Street" elabora estruturas poéticas (métricas, sonoras, imagéticas) que revelam paralelos com estruturas musicais no nível de articulação de pequenos formantes e de grande forma.

De maneira geral, a forma do poema é a seguinte: cento e setenta e seis estrofes de cinco linhas, sendo que a quarta linha é o eco da terceira. As estrofes são divididas em seções temáticas de até mais de um tema diferente por estrofe, sendo assimétricas e recorrentes. Por exemplo, a estrofe 1 pergunta: "– Swdenborg, há mundo porvir?"

E a estrofe 108 responde: "– Há mundos futuros: república etc."[1]

Emergem da topografia do poema pequenas estruturas de organização que encontram na linguagem musical paralelismo estrutural. Como, por exemplo, um "mini rondó": o trecho entre as estrofes 8 e 13. As estrofes 8 e 9 introduzem o dueto Beecher-Tilton, ou seja A. A estrofe 10 interpõe o elemento contrastante B: J. T. Golhemus pregando em Brooklyn. A estrofe 11 retoma o dueto anterior com uma variação de personagens, A': Beecher e Beecher-Stowe. Nas estrofes 12 e 13, final da seção, Sousândrade mantém o dueto, mas novamente altera as personagens, ou seja A''. Um rondó com variação.

O "Inferno de Wall Street" transcorre na combinação de um tempo mítico (com a inclusão das personagens literárias e míticas), e mais precisamente na segunda metade do século XIX. Em New York, Sousândrade presenciou a fase eufórica de Wall Street e também as comemorações do centenário da Independência americana, que contou com a presença de Dom Pedro II.

Uma música para esse poema deve obedecer às suas estruturas originais. Estas incluem sobreposição e justaposição de materiais diversos. A sintaxe musical deve operar com a mesma complexidade das estruturas textuais, de forma a transmitir esse fôlego épico-pipocante do poema. Portanto, uma música com citações, reutilizações e adaptações de materiais como clichê de música lírica, de operetas e *musique seriouse*. Sousândrade não foi um *scholar*. A mú-

---

1. Sobre esses e outros aspectos veja o volume, *ReVisão de Sousândrade*, de CAMPOS, Augusto e Haroldo. Ed. Nova Fronteira, 1982.

sica de cena para o "Inferno de Wall Street" também não deve ser. O resultado final da *collage* deverá combinar Carlos Gomes e Offenbach com Erik Satie. Afinal, um país que tem um Sousândrade não pode viver de Gonçalves Dias.

1982

Esboços para *Inferno de Wall Street* de Livio Tragtenberg.

Esboços para *Inferno de Wall Street* de Livio Tragtenberg.

"INFERNO DE WALL STREET": CARNAVALIZAÇÃO

A *carnavalização* da linguagem não é um procedimento que diz respeito ao tema, mas ao caráter formal do gênero. Pois ela atua *na* linguagem. A apreensão do real pela óptica carnavalizada é uma singular conjunção – desenvolvida por superposições sucessivas e não excludentes – da realidade aparente e imediata, e da mediatização de sua "realidade paralela". Uma apreensão relativizada.

Ao suspendermos o véu da linearidade emerge o paralelo, o outro. Instala-se a "intertextualidade" (Júlia Kristeva) e a "palavra ambivalente" (Mikhail Bakhtin). Universo povoado de duplicidades, contrastes e imagens biunívocas como alto-baixo, gordo-magro, céu-inferno etc. Sobre esse universo paira e encampa a díade morte-renascimento, como movimento abrangente de todo o processo ritualizado.

Mikhail Bakhtin em seu estudo sobre a poética de Dostoiévski conceitua desta forma o carnaval: "É uma forma sincrética de espetáculo de caráter ritual" e uma linguagem de "formas concreto-sensoriais simbólicas" que exprime "uma cosmovisão carnavalesca una". Haroldo de Campos considera o poema "Inferno de Wall Street", de Joaquim de Sousândrade, uma forma de "teatro sintético". Ao procurar a melhor compreensão da linguagem sousandradina é necessário analisar seus pontos de contato com a carnavalização enquanto procedimento textual.

Em *O Guesa*, longo poema épico-pipocante em que Sousândrade trabalhou por volta de trinta anos, encontram-se dois *momentos infernais*: "Tatuturema" e "Inferno de Wall Street". O primeiro aborda o tema indianista. Sousândrade, a partir de um ritual de dança das tribos decadentes do Amazonas, inverte a forma de se tratar o índio na literatura de até então. No "Tatuturema" o índio não é idealizado, é objeto de exame realista, e até épico. Neste poema, Sousândrade capta o futuro flagelo das tribos brasileiras. O "Tatuturema" seria o círculo infernal-sul, dentro da geografia de *O Guesa*. O "Inferno de Wall Street" coloca o centro financeiro de Wall Street, e mais precisamente a Bolsa de Valores, como palco carnavalizado da sociedade capitalista nascente do pós-guerra. A Bolsa representa um microuniverso carnavalizado, pois lá se observa um comportamento incomum ao sério e sisudo mundo de negócios, onde corretores gesticulam desabusadamente (sendo o código de comunicação interna), gritam, pulam, correm de um lado para o outro num frenesi carnavalesco. Wall Street seria o círculo infernal-norte. E neste episódio Sousândrade radicaliza na linguagem a sua percepção do fenômeno social. Tendo como fontes a *Divina Comédia* de Dante e o *Fausto* de Goethe (especialmente a "Noite de Walpurgis"), Sousândrade compõe a sua visão infernal do mundo do dinheiro e da usura.

O "Inferno" trata da Bolsa, das disputas políticas do pós-guerra civil, os escândalos morais envolvendo políticos e religiosos (servindo-se da utilização de manchetes de jornais da época, como o próprio Sousândrade indica), a campanha feminista etc. Transcendendo o universo do real com citações bíblicas, mitológicas e literárias. Dois temas são a espinha dorsal do poema: a peregrinação do Guesa (que será abordada mais adiante) e a visita de Dom Pedro II à Exposição de Filadélfia em 1876 e seu encontro com o general Ulisses Grant, então presidente norte-americano.

O poema se caracteriza pela interseção de dois espaços: o da representação pela linguagem e o da experiência na linguagem. *Dissolução do inferno em movimento* escreveu Sousândrade. O movimento, o deslocar-se, é uma constante no texto. Que não se fixa em espaços, tempos (não-direcionalidade) e temas. Assim como o carnaval é caracterizado pela mudança, pela desorganização e pelo movimento descentralizado, onde não há nenhum objetivo final a ser alcançado, só o se deixar levar. Sobre esse assunto, o antropólogo Roberto da Matta esclarece que os mecanismos básicos do carnaval, Dia da Pátria e Semana Santa são, respectivamente, "a inversão, o reforço e a neutralização"[1].

A Carnavalização e o "Inferno de Wall Street"

- O *continuum* politemporal entre os temas, de estilo "conversacional-irônico ao estilo sintético-ideogrâmico" (Augusto e Haroldo de Campos), que no carnaval irrompe através de sínteses informais, ou de imagens biunívocas como vida-morte, bênção-maldição, pobre-nobre etc.
- O *sério*. O riso carnavalesco extrapola a dicotomia cômico-trágico. É um riso sério, Bakhtin fala em "riso ritual". Exemplo: a complexa relação dramática entre a personagem Guesa (*personae* de Sousândrade) e o fluxo de citações-situações que o engolfa.
- Seguindo a trilha das inversões carnavalizantes, chega-se ao momento ápice do ritual carnavalesco segundo Bakhtin: a *coroação bufa*. Ao examinarmos o "Inferno" e decodificá-lo topograficamente, pode-se dizer que o tratamento dispensado ao episódio que envolve Dom Pedro II, por Sousândrade e pela imprensa americana da época, de cunho caricatural e irônico, coloca Dom Pedro como Monarca do Car-

1. *Carnavais, Malandros e Heróis*, Zahar.

naval Infernal, tornando-se o "Momo de Wall Street". Sousândrade realiza assim um movimento mais complexo que o da simples inversão, porque ao invés de coroar um "antípoda do verdadeiro rei" (Bakhtin) ele re-coroa o próprio rei. A primeira referência a Dom Pedro no texto alude ao tombo (queda, destronamento) que ele sofreu no navio que o transportava aos Estados Unidos. Após esse destronamento ele é re-coroado como o Rei do Inferno (sempre tendo em vista a estrutura geral do poema).

A descentralização do eu narrativo, síncrise, paródia. Impossibilidade de compreensão do fenômeno através da *linha ou superfície*. Dialogismo. Articulação de séries temáticas recorrentes e em constante metamorfose, tratamento polifônico (*scherzi* temáticos).

Desfile-carnavalização do espaço geográfico-social. Como na seção entre as estrofes 37 e 43; onde "Democratas + Comuna + Grandes Industriais + *Freeloves* + *pickpockets*" se sucedem em cortejo, segue ainda bisões, ursos, gorilas, águias, cujo clímax irrompe na entrada de Dom Pedro II.

Purgação final: morte-renascimento. "Nos carnavais europeus figurava quase sempre um veículo especial (habitualmente um carro com toda sorte de trastes), chamado 'inferno'. Ao término do carnaval, queimava-se solenemente esse 'inferno' "[2]. Não há como negar o paralelo existente com o sacrifício do Guesa no "Inferno de Wall Street" na pele do arquiteto da Farsália, que como nos carnavais europeus é tragado pelas "chamas dos incêndios d'Álbion". A imagem do fogo no carnaval, ainda segundo Bakhtin, simboliza a destruição e a renovação do mundo, justamente o que significa o sacrifício do jovem-deus Guesa, que aos quinze anos de idade, depois de errar pelo mundo, é morto a flechadas numa praça circular,

---

2. BAKHTIN, Mikhail. *Problemas da Poética de Dostoiévski*, Ed. Forense Universitária.

tendo o coração oferecido ao deus Sol. O sacrifício marca o fim de um período de reinado, seguindo-se a designação do novo Guesa.
A relativização do objeto, a *ambivalência*, texto anti-teleológico.
Assim como no diálogo carnavalizado não existe "aquele que fala" e "aquele que ouve", no "Inferno" a narrativa é multifocal e descentralizada. Assemelha-se a um foco politemporal, onde se encontram diversos sistemas de signos.
"O inferno carnavalizado da menipéia determinou a tradição medieval das representações do *inferno alegre*" (Bakhtin). Sousândrade: "Paralela Wall Street à Chattám..." (bordéis)
A alegria séria do "Inferno" é pontuada pelas aparições do Guesa, extremamente dramáticas. O Guesa é a unica personagem que se "distancia" do fluxo narrativo, da ação. Na estrofe 35 ele aparece "escrevendo *personals* no *Herald*", jornalista como o foi Sousândrade em New York.

Carnavalização na Linguagem Musical

A carnavalização na linguagem musical e a utilização da temática carnavalesca são duas coisas distintas. A carnavalização musical se dá principalmente através da paródia, e em alguns casos até coincide com a música de temática carnavalesca. Por exemplo, a marcha carnavalesca é uma inversão carnavalizante da marcha militar, onde as funções de alguns elementos da linguagem musical (ritmo, arranjo, melodia e principalmente letra) se encontram invertidos. A marchinha carnavalesca é alegre, satírica, crítica, o oposto da militar. O mesmo ocorre com o hino oficial e o carnavalesco.
Mozart talvez tenha sido um dos primeiros compositores a fazer uso da inversão carnavalizante (paródia-crítica) na linguagem da ópera. Em *Don Giovanni* (1787), na cena XIII do segundo ato quando Don Giovanni está degustando um fausto banquete, um pequeno conjunto instrumental toca em cena para entretê-lo; Mozart cita trechos de óperas

conhecidas na época e a "Ária nº 9" de sua ópera *Le Nozze di Fígaro*, onde Fígaro clama: "Cherubino alla vitoria, alla gloria militar!" E ao ouvir esta melodia, Don Giovanni comenta: "Esta eu conheço bem..." Ele está fazendo a sua última refeição, prestes a arder nas profundas, justiçado pelo comendador-estátua. A melodia do *Figaro* transforma-se de tom heróico num irônico prelúdio fúnebre da cena seguinte em que Don Giovanni tomba. Mozart *Mutandis*. Autofagia textual: paródia-crítica.

Após Mozart, no sisudo Romantismo, o *humour* teve pouco espaço na criação musical. Mas na chamada Idade Moderna, ou Modernidade, retomou-se esses processos na linguagem musical. Erik Satie é um representante radical dessa tendência. Em 1918 compõe *Socrate* com texto de Platão, em tradução francesa. Um crítico musical, na época, se intrigava pelo fato de tamanha profundidade filosófica soar tão monótona! Satie fez música de mobília (*Musique d'ameublement*) com a filosofia grega. Para ele a paródia era uma forma de crítica musical. Anos mais tarde, John Cage criaria o que se pode chamar de grau zero da carnavalização musical: *4'33"* e *O'oo"*. Outro compositor americano, Virgil Thomson, teve sua obra fortemente influenciada por Satie, cujas idéias musicais soube compreender melhor que os músicos franceses da época. Compôs duas óperas com texto de Gertrude Stein, *Four Saints in Three Acts* e *The Mother of Us All* de 1934 e 1947, respectivamente. Em *The Mother of Us All* encontram-se personagens comuns ao "Inferno de Wall Street", como o general Ulisses Grant. A temática também tem pontos em comum, como as disputas eleitorais e a questão feminista. *Four Saints in Three Acts* é uma ópera-paródia por excelência; Thomson circula pelo mundo do clichê (da Broadway à música religiosa negra). O texto de Gertrude é telegráfico-oral, monossilábico. Virgil Thomson operou algumas mudanças no libreto, "por razões de conveniência musical", que resultaram em grande efeito. *Santa Teresa* é interpretada por duas cantoras, Santa Teresa I e Santa Teresa II. Gertrude não viu problemas nessas modificações, que até enriqueceram a textura (idéia do *duplo*) do libreto. A ópera estreou em fevereiro de 1934 em Hartford, Connecticut, por um elenco completo de cantores negros, da Companhia Amigos e Inimigos da Arte Moderna, pela primeira vez na história da música (antes de *Porgy and Bess* de Gershwin que estreou em outubro de 1935). Thomson utiliza uma orquestração sempre referencial, crítica. É uma ópera relativamente simples em termos de montagem, que poderia muito bem ser incluída na temporada de óperas do município. Seria uma pausa na ditadura "ítalo-germânica" que domina a nossa temporada lírica.

1985

Balé *O. de A. do Brasil*, (Foto Emídio Luisi).

ARTESANATO E ARTE INTERDISCIPLINAR: TEATRO MUSICAL HOJE

O desenvolvimento de novos meios e materiais aplicados à atividade artística impõe desafios básicos ao criador. Essa situação deve ser analisada globalmente. Na música, ela tem provocado uma ruptura importante nos meios de criação e produção. Nas artes em geral, tem cada vez mais aproximado materiais, procedimentos, códigos e, finalmente, artistas. Essa aproximação tem também obrigado a uma reciclagem no repertório teórico-prático e conseqüentemente na linguagem.

Parece impossível ficar alheio a essas transformações. Atualmente até uma canção *pop* banal cerca-se de meios e recursos técnicos sofisticados. Isso coloca problemas com relação ao treinamento do compositor e do instrumentista, que precisam adaptar-se às novas possibilidades e situações.

Os computadores, processadores digitais etc., podem servir tanto para a banalidade como para a invenção (da mesma forma que uma orquestra, um violino etc.): são apenas máquinas. São usados tanto para oferecer um "atestado" de "atualidade" à novidade como para a pesquisa experimental, dependendo exclusivamente do manipulador.

Ao invés de atrofiar a capacidade de exercício criativo (ao queimar etapas puramente mecânicas da prática musical), essas novas máquinas exigem um *artesão eclético*, que disponha de uma diversidade de habilitações e de uma grande capacidade de adaptação a novas situações. Essas novas máquinas se inserem num contexto global que impulsiona o artista para a interação das linguagens. No entanto, o treinamento técnico em geral segue os velhos manuais baseados numa prática historicamente datada. A "velha indústria do belo", no dizer de Paul Valéry, assume constantemente novas formas que reclamam ferramentas adequadas. Mas as ferramentas por si não adiantam nada, se ainda são controladas por uma mentalidade de mestre-de-capela do século XVIII ou de um pintor pré-rafaelista.

Mas, mais do que um problema didático, é um problema de conceito. Se continuarmos tratando as diversas linguagens de forma excludente, então estaremos trabalhando com uma ordem artística já ultrapassada no nível estético e em extinção como modo de produção. Aquele artesão a que me referi mais acima é sobretudo um criador capaz de realizar uma depuração, uma síntese do acervo técnico-filosófico (impossível não nos remetermos a Pound e ao conceito de "Paideuma"), sem contudo se ater por muito tempo nesta operação, a ponto de – munido dessas informações básicas – voltar-se para o presente. Enfim, um *homo sintethicus*.

Se no Brasil não possuímos os meios materiais e a devida tradição cultural para nos voltarmos para a música do passado europeu (veja a situação das orquestras em São Paulo), vamos procurar nos ocupar do presente, porque parece que essa situação deplorável interessa ao *establishment* cultural que, como narcisos, satisfaz-se em apreciar a própria mediocridade espelhada no panorama cultural. Esse *establishment* representa um século XIX retardado que reinou, com intermitentes e curtas interrupções, e ainda medra no século XX brasileiro.

Sob tal panorama parece até fora de propósito discutirmos a interdisciplinaridade das linguagens, quando ainda nem se chegou a uma estruturação primária dos meios de ensino e pesquisa. A busca desse relacionamento interdisciplinar é também uma decorrência do momento histórico presente (pós-utópico), em que buscamos com um potente radar rastrear os fragmentos luminosos ("os pontos luminosos", Pound), num raio de trezentos e sessenta graus, por mais de quatro mil anos de cultura. Mais do que uma ruptura de gêneros e estilos, assistimos a uma explosão de códigos.

O *artesão eclético* é o resultado dessa fragmentação. Para ele, é natural o estudo e a aplicação sincrônica do contraponto tonal e das ondas sonoras processadas, por exemplo. É a apreensão das informações que passam pelo filtro da síntese, determinando a pertinência e o grau de interesse das mesmas. Ele abandona por completo a postura do estudioso que coleciona dados e técnicas sem uma aplicação prática real no trabalho criativo. O *artesão eclético* procura manter espaços abertos em seu banco de dados, o cérebro. Esse tipo de postura, na maioria dos casos, é o resultado de um esforço individual, pois praticamente todo o sistema de ensino (e não apenas no Brasil) ainda permanece surdo, das mais inofensivas escolas de arte aos departamentos universitários, a essa nova situação que nos cerca.

O Teatro Musical

A interdisciplinaridade requer um constante aprendizado. Tomemos como exemplo concreto dessa nova situação criativa descrita até agora uma forma artística que é fruto típico da combinação de linguagens: o Teatro Musical contemporâneo. Ele é um desdobramento da ópera e do teatro moderno. Ao mesmo tempo em que remete ao passado longínquo da expressão humana, tem sido o espaço privilegiado para a inclusão de todo tipo de experimentação e inovação técnica. Sua constante transformação exige o mesmo de criadores, *performers* e técnicos. Para o compositor, por exemplo, são necessários conhecimentos nas áreas de estrutura textual, de encenação (que se desdobra em diferentes campos como a cenografia, figurinos, iluminação etc.), de movimento, de dança e de técnicas específicas relacionadas ao *performer*, seja ele cantor, ator, instrumentista, dançarino ou a combinação de todas essas linguagens. Acrescentam-se, ainda, as possibilidades de manipulação de imagens projetadas ou em movimento, como o vídeo, o cinema e a holografia. Como observa Pierre Boulez num artigo intitulado "Computers in Music", publicado na *Scientific American*, neste ano:

pela primeira vez na história, o compositor precisa explicar e formalizar o caminho pelo qual desenvolveu e manipulou conceitos, temas e relações no contexto musical, de forma que os técnicos (que possuem um treinamento musical reduzido) possam penetrar em sua criação.

A partitura no Teatro Musical contemporâneo se aproxima, em certa medida, do roteiro de cinema, onde estão especificados os diferentes procedimentos simultâneos que envolvem a realização do projeto. Ela abandonou a imprecisão literária e psicologizante que se observa nas anotações cênicas da ópera tradicional; mergulhando na especificação detalhista, uma vez que sua estrutura não mais repousa numa idéia literária ou musical apenas, mas é o resultado da combinação de todos os elementos em jogo. É, sem dúvida, e por natureza, um gênero híbrido, um gênero-cabide. Não contém um único centro de referência (como se passássemos da energia mecânica simples, onde cada engrenagem desempenha uma determinada função, para o campo da atração eletromagnética).

Se para o compositor esse percurso é longo e diversificado, para o *performer* exige também uma nova postura. Para o cantor, a técnica vocal operística, baseada na ópera romântica (onde o teatro era uma representação do mundo da época), nos dias de hoje é apenas mais um recurso à disposição em meio à diversidade de colocações da voz na textura sonoro-cênica (pois a sala de espetáculos não é mais a representação da totalidade, mas um microuniverso onde é possível investigar os fragmentos).

De que forma pode o artista criado na ilusão da "especialidade" embarcar nesse admirável mundo novo? O problema da "especialização" não é apenas técnico – já que tanto faz se se ensina solfejo ou o uso dos teclados – mas ideológico. É preciso abandonar o ideal do mundo industrial mecânico, onde cada um é treinado para uma determinada profissão, função, e que nos transforma numa peça de uma máquina maior, abandonando-nos da totalidade, da mobilidade e da mutabilidade.

Livre dessa concepção, o artista interdisciplinar – o *artesão eclético* –, pode atravessar de forma diagonal diferentes estruturas da sociedade eletrônica, procurando escapar da institucionalização e da estagnação.

Se o panorama das instituições artísticas é desolador, não há motivo para desânimo, porque na realidade elas interferem muito pouco na fermentação cultural. É isso que as está levando a uma lenta agonia. Pois elas continuam praticando uma velha combinação: técnicas ultrapassadas + discurso pseudocrítico (este último, principalmente nas universidades).

Após a crítica da modernidade como novo positivismo, onde a análise teórica desempenhou um papel importante, o futuro próximo aponta para um maior equilíbrio entre a função criativa e crítica, que se encontram cada vez mais fundidas. É um futuro que parece nos convidar para um período de pesquisa empírica do material sinteticamente unido ao pensamento crítico.

1988

Bailado do Deus Morto, Oficinas Culturais Três Rios, São Paulo, 1986.

Bailado do Deus Morto, montagem de Flávio de Carvalho, Teatro da Experiência, São Paulo, 1933.

OFICINA-MONTAGEM: "BAILADO DO DEUS MORTO"

O *Bailado do Deus Morto* de Flávio de Carvalho não é um texto teatral. É um roteiro de uma experiência filosófica, visual, gestual e sonoro-vocal. Deve ser considerado como ponto de partida: roteiro de trabalho e recriação. Daí o interesse em sua retomada no contexto teatral atual, dominado pela verborragia, pela retórica, "...um missionário em busca da mensagem..."

Flávio de Carvalho era um não-especialista por excelência, um curioso. Não via sentido na máxima da mediocracia nacional: "cada macaco no seu galho". Ao contrário, conseguiu os resultados mais brilhantes em todas as áreas de atuação criativa. Para o *Bailado* criou o texto-roteiro, vestuário, cenário, coreografia e música: uma aventura.

Recuperar essa aventura não-codificada e praticamente inédita foi o que propus às Oficinas Culturais Três Rios da Secretaria de Estado da Cultura, atendendo a um convite formulado por João de Bruçó. O projeto constituía quatro oficinas de criação: Teatro, Dança, Música e Cenografia-Adereços-Figurinos, com seis semanas de duração.

Os participantes seriam escolhidos através de chamada pública com testes. Das cem pessoas que compareceram aos testes, foram selecionadas em torno de quarenta e cinco participantes entre atores, dançarinos, músicos e artistas plásticos.

A partir da dimensão e do perfil do elenco a recriação do roteiro original foi ganhando forma. O novo roteiro se estruturava a partir de blocos de tempo – como em uma composição musical – que regeria o espetáculo como um todo. A partir daí foram desdobrados vários submapas de tempo relativos às cenas, intervenções, personagens, intervalos etc. Quanto ao texto propriamente dito, pouco se alterou, somente algumas interjeições como ahs e ohs foram retiradas. Além do grupo original de oito máscaras foi criado um segundo grupo de atores-dançarinos, que, sem máscaras, atuaria gestualmente na região do proscênio. Funcionaria como um filtro-cortina entre a visão frontal do público e a encenação do *Bailado* com o grupo de oito máscaras e o Lamentador. Esse grupo exploraria as zonas de sombra do corpo rebatidas por uma iluminação amarela lateral saturada de intensidade.

Cabia a Lali Krotoszynski, que era a coordenadora da Oficina de Movimentos, modular as interferências desse grupo a ponto de obter o efeito desejado.

Procurando as fontes filosóficas de Flávio, percorri a caminho inverso, já que a partir do *Bailado* cheguei a Nietszche e particularmente ao *Zaratustra*. Assim duas novas personagens se incorporam ao roteiro: Zaratustra e Errotistre (uma espécie de dublê alter ego da primeira). Essas personagens intervinham de três em três minutos, com trinta segundos de defasagem entre ambas; o texto era de *Assim Falou Zaratustra*. Doze frases, colhidas ao acaso no livro, em cartelas e que eram sorteadas a cada intervenção. Eram frases do tipo: "Preferem bailar sobre os pés do acaso"; "Deus tornou-se insuficiente".

Lembrei-me da advertência de Schoenberg ao jovem compositor John Cage, recriminando-o pelo seu descaso com relação ao estudo da harmonia tradicional, e que isso para um músico era como defrontar-se com um muro intransponível. Ao que Cage respondeu: "Então devotarei a minha vida a bater a cabeça contra esse muro".

O mesmo acontece com quem procura Deus. Daí surgiu a personagem Dama da Parede, que faz a dança do intransponível, literalmente contra uma parede ao som de "O Trovão agita, o Vento espalha, o Limite detém, o Céu comanda, a Terra armazena". Recolhido ao acaso do *I Ching*. A Dama da Parede pontua a dança com um texto carnavalizado:

- Assim cantou berrotripas.
- Sim errou erronada.
- Ao ser falhou zerozerozerotustra!

No segundo ato a Dama da Parede reaparece como *dancing-girl* estabelecendo um contraponto com a Mulher Inferior que vem explicar ao mundo porque seduziu o Deus. Entre o primeiro e segundo atos uma homenagem a Flávio, o pré-*performático*. Um bailarino "desfila" o polêmico traje de verão ao som de dois cantores, que no início do espetáculo foram maquiados à Al Johnson num trocadilho visual com o bíblico "no princípio era o Verbo" transformado em "no princípio é o som". Eles cantavam-solfejavam (referência ao início do cinema sonorizado na voz de Al Johnson) uma melodia que marcava ritmicamente a aparição de uma Eva-grávida envolta em uma serpente que ao invés da maçã trazia um relógio na boca. Ambas oferecem a vida finita, o tempo medido, com um sorriso mefistofálico.

Após o "leilão" promovido com os restos do Deus Morto, o Lamentador, impedido pela Mulher de fabricar o novo Deus, constata que "a psicanálise matou o Deus". A partir daí um casal de atores em um sofá típico de teatro realista desenvolve uma *cena típica* de amor e ciúme, só que utilizando o texto do *Bailado* de Flávio. Esse casal assistiu o espetáculo ao lado do público, e a partir desse momento é o elenco do *Bailado* quem assiste a cena. O casal tem os pés atados ao sofá por cordas, e o texto recebeu novos cortes de frases que provocam novas leituras.

A recriação do *Bailado* através de oficinas de trabalho continha uma promessa e um compromisso. A promessa de um processo não-viciado e que se estruturaria por si próprio; e um compromisso com um resultado que ganhasse vida própria como realização.

Um dos pontos mais importantes do trabalho era a concepção visual, pois a própria obra de Flávio emitia os mais diversos sinais de possibilidades. Inicialmente envolvemo-nos com a pesquisa e a análise das soluções encontradas na montagem de 1933. "Uma peça para ser cantada, falada e dançada: os atores usavam máscaras de alumínio e camisolas brancas, o efeito cênico era um movimento de luzes sobre o pano branco e o alumínio." Assim Flávio definia o espetáculo.

A utilização do alumínio em cenografia era inédita. E ela provou que mesmo cinqüenta anos depois, seu uso como material bruto – sem proposta de imitar outros materiais – mantém a mesma força cênica. A partir das máscaras criadas por Flávio, a equipe da Oficina de Cenografia, sob a coordenação executiva de Ana Britto e constituída basicamente por artistas plásticos, o que evitou os vícios do ofício, partiu para a reelaboração dessas máscaras, mas de acordo com uma concepção global, que privilegiava a vertente expressionista de Flávio. O totem de alumínio, que também fazia parte da montagem de 1933 (e que na época foi chamado de "pintão"), foi retrabalhado em forma espiralada, pendurado a uma altura de dez metros, e que com uma rampa de forma triangular compunha a cenografia fixa. Mantiveram-se as túnicas brancas para os atores mascarados, só que elas ganharam um corte de formas geométricas. A música das palavras e o trabalho com os atores, sob a coordenação de Carlos Augusto Carvalho que também atuou como Lamentador, revelaram que as indicações dos submapas de tempo detonaram uma exploração musical-temporal das palavras que as libertou da camisa-de-força da sintaxe, estabelecendo uma continuidade com a música instrumental tocada ao vivo: uma respiração musical do texto, livre do drama e da psicologia. A música da montagem de 1933, ao que se sabe, era baseada no samba e em ritmos primitivos. Nessa recriação, ou criação, já que não restaram registros, optei por um "primitivismo tecnizado" que une o sintetizador à percussão não-rítmica, mediados pelo sax soprano e pela viola de orquestra: um quarteto de sopro, corda, teclado e percussão. A música ao vivo também era regida pelos mesmos mapas de tempo, que *orquestravam* o espetáculo como um todo.

Um evento de colaborações, um *continuum*: "Não importa se você faz bem ou mal, mas faça na hora certa!" Um tipo de pulsação brotaria naturalmente do mapa geral de eventos, o que criaria o "ritmo" *desse* espetáculo.

Ao final de apenas seis semanas chegou-se a um ponto de partida, um resultado que ainda levava em conta a arquitetura especial do saguão das Oficinas Três Rios, que possui um teto de vidro, e que funcionava como um cinema prismático, que fracionava a imagem refletida. Mesmo esse resultado não procura o Teatro como "acabamento", mas como *jam-session*. Um espírito que se recria a cada apresentação. Fiel ao espírito do Amador e do não-especialista, que enfrenta com olhos de menino e de doido esse titã de papel chamado estética.

É loucura invocar Satie, Oswald e Cage em pleno Bom Retiro???!!!

1987

Passagem da Bíblia com os sinais de cantilação.

מַשָּׂ֥א דְבַר־יְהוָ֖ה עַל־יִשְׂרָאֵ֑ל נְאֻם־יְהוָ֗ה נֹטֶ֤ה שָׁמַ֙יִם֙ וְיֹסֵ֣ד אֶ֔רֶץ וְיֹצֵ֥ר רֽוּחַ־אָדָ֖ם בְּקִרְבּֽוֹ׃ הִנֵּ֣ה אָ֠נֹכִי שָׂ֣ם אֶת־יְרוּשָׁלִַ֧ם סַף־רַ֛עַל לְכָל־הָעַמִּ֖ים סָבִ֑יב וְגַ֧ם עַל־יְהוּדָ֛ה יִֽהְיֶ֥ה בַמָּצ֖וֹר עַל־יְרוּשָׁלִָֽם׃ וְהָיָ֣ה בַיּוֹם־הַ֠הוּא אָשִׂ֨ים אֶת־יְרוּשָׁלִַ֥ם אֶ֙בֶן֙ מַֽעֲמָסָ֜ה לְכָל־הָ֣עַמִּ֗ים כָּל־עֹֽמְסֶ֙יהָ֙ שָׂר֣וֹט יִשָּׂרֵ֔טוּ וְנֶאֶסְפ֣וּ עָלֶ֔יהָ כֹּ֖ל גּוֹיֵ֥י הָאָֽרֶץ׃ בַּיּ֨וֹם הַה֜וּא נְאֻם־יְהוָ֗ה אַכֶּ֤ה כָל־סוּס֙ בַּתִּמָּה֔וֹן וְרֹכְב֖וֹ בַּשִּׁגָּע֑וֹן וְעַל־בֵּ֤ית יְהוּדָה֙ אֶפְקַ֣ח אֶת־עֵינַ֔י וְכֹל֙ ס֣וּס הָֽעַמִּ֔ים אַכֶּ֖ה בַּֽעִוָּרֽוֹן׃ וְאָֽמְר֛וּ אַלֻּפֵ֥י יְהוּדָ֖ה בְּלִבָּ֑ם אַמְצָ֥ה לִי֙ יֹשְׁבֵ֣י יְרוּשָׁלִַ֔ם בַּיהוָ֥ה צְבָא֖וֹת אֱלֹֽהֵיהֶֽם׃ בַּיּ֣וֹם הַה֡וּא אָשִׂים֩ אֶת־אַלֻּפֵ֨י יְהוּדָ֜ה כְּכִיּ֧וֹר אֵ֣שׁ בְּעֵצִ֗ים וּכְלַפִּ֥יד אֵשׁ֙ בְּעָמִ֔יר וְאָ֨כְל֜וּ עַל־יָמִ֧ין וְעַל־שְׂמֹ֛אול אֶת־כָּל־הָעַמִּ֖ים סָבִ֑יב וְיָשְׁבָ֨ה יְרוּשָׁלִַ֥ם ע֛וֹד תַּחְתֶּ֖יהָ בִּירוּשָׁלִָֽם׃ וְהוֹשִׁ֧יעַ יְהוָ֛ה אֶת־אָהֳלֵ֥י יְהוּדָ֖ה בָּרִֽאשֹׁנָ֑ה לְמַ֨עַן לֹֽא־תִגְדַּ֜ל תִּפְאֶ֣רֶת בֵּית־דָּוִ֗יד וְתִפְאֶ֛רֶת יֹשֵׁ֥ב יְרוּשָׁלִַ֖ם עַל־יְהוּדָֽה׃ בַּיּ֣וֹם הַה֗וּא יָגֵ֤ן יְהוָה֙ בְּעַד֙ יוֹשֵׁ֣ב יְרוּשָׁלִַ֔ם וְהָיָ֞ה הַנִּכְשָׁ֥ל

A RAIZ GESTUAL DA MÚSICA DE HOJE

> *Nove em dez vezes, o novo é apenas o estereótipo da novidade.*
>
> Roland Barthes

A música de invenção atravessa uma fase de transição. Mas também de transformação. É dinâmica, e como dizia Oswald de Andrade "o meu relógio anda sempre para a frente. A história também". Por isso os messiânicos de carteirinha que se cuidem, pois o rolo compressor da história vai passar por cima, sem perguntar pelas "boas intenções".

A atual fase de transição não se caracteriza por uma estagnação ou esgotamento de possibilidades, mas pela onda de diluição decorrente da conquista de novos materiais e linguagens nos últimos quarenta anos. Essa diluição é até uma decorrência natural do perigoso *tudo é permitido, tudo é válido* de hoje em dia. A diluição leva ao *efeito*, à novidade e à aparência.

Um Parêntese Mínimo

Ao sair de uma audição de música minimalista ouvi: "Prefiro Satie!" É justo. A música minimalista é um exemplo da fase de transição-diluição já referida. É uma linguagem que propõe fundir elementos da música oriental, como as estruturas rítmicas, motívicas e melódicas. Da tradição musical ocidental utiliza esquemas harmônicos, formas e instrumentos. Com o risco de cair numa perigosa generalização, é nessa "mistura" que reside o equívoco da proposta estética. Após John Cage reinventar a relação Oriente-Ocidente, reinventando a música, parece cômoda e superficial a aproximação minimalista da estética oriental. Porque o oriental entra como dado referencial (às vezes, alusivo, "representado" ou "idealizado") e não formativo, criando uma interação não crítica entre as linguagens. A estrutura musical ainda se baseia num *tempus* aritmético, o que tem pouco a ver com o oriental, instaladas a representação e a aparência, instala-se a ausência de verdade e de síntese. Excluindo a crítica e a dialética da estrutura musical estabelece-se um território onde a diferença se acumula e as aparências dão a ilusão de conflitos resolvidos, o que resulta na objetivação do efeito, do falso brilhante. Oriente de butique. Nem mesmo a música eletrônica escapou da voracidade da diluição.

Falta modernidade à música minimalista. Falta risco. Alojada em um falso conceito de fruição, que na realidade é somente prazer da escuta. A temperatura informacional é baixa. É retórica ao realizar "os princípios da escola". Não tem identidade, mas sotaque. É resultante de namoro – não consumado – entre o *tempus* oriental e o metro aritmético da música ocidental. Como dizia Ezra Pound: "É belo, mas não funciona!" O público de hoje não se inebria mais facilmente com o perfume vago do misticismo oriental pós-*hippie*. Nesse sentido, a música conceitual (La Monte Young, Dick Higgins, Brecht) é mais coerente: é atividade mental que prescinde do temporal. (Observação: geralmente a música minimalista é bonitinha. Fim do parêntese mínimo.)

Pelo fato de nos encontrarmos numa época caótica onde as tendências musicais se sucedem e se acumulam numa grande coda de toda a história da música, torna-se necessário encontrar o fio da meada. Buscar as origens (mais remotas) olhando para a frente. Limpar a área. A música do século XX está ligada a uma tradição, é um ponto a mais numa linha infinita.

A música atual retomou conceitos, procedimentos e materiais de um passado musical não imediato. Por exemplo, ela está muito mais próxima (a produção musical mais interessante, entenda-se) da fase pré-tonal que do Classicismo ou Romantismo. A ruptura se processou através de um olhar de longo alcance para trás. Não se pode dizer isso quanto a certas correntes atuais: o "novo" tonalismo, o minimalismo, a nostalgia do primitivo e os sucedâneos da técnica serial em todos os parâmetros.

Uma das mais importantes conquistas da música de hoje é a diversificação de processos na elaboração e veiculação da criação. Luta contra o ego do compositor. Informalidade. Zonas de indeterminação.

É esta produção musical que representa o que há de mais interessante depois da Bomba S(ilêncio) detonada por John Cage. E ao procurar penetrar na essência de sua linguagem, penetra-se na própria essência da música. Pois a música tem procurado cada vez mais diminuir a distância som e homem. *Um som é um som e um homem é um homem. Cage dixit.*

As rupturas que geraram a música aleatória, a música gestual e o Teatro Musical, tentam recolocar a atividade musical de forma mais ampla e integrada ao meio social. E após fazer um levantamento de seus procedimentos e materiais, encontra-se uma raiz de origem longínqua. De mais de quatro mil anos. A ponte histórica tem o objetivo de esclarecer o presente, não se trata portanto de malabarismo retórico. Não se parte de uma "tese". Os pontos de contato (os pontos luminosos) se explicam.

A música bíblica ainda hoje tem suas origens (como a própria origem da música) imprecisas: "Moisés recebeu toda a música dos Mestres Egípcios"[1]. No entanto já se têm elementos e interpretações suficientes para conferir uma idade mínima de quatro mil anos desde a sua elaboração inicial.

As recentes descobertas arqueológicas nos revelam uma arte refinada e rigorosa praticada há três mil anos antes de Cristo. Como é o caso da escultura *Escriba Sentado*, atualmente no Museu do Louvre. Essa riqueza e exuberância da época do faraó monoteísta Akenaton, contemporâneo de Moisés – 1350 a.C. –, não veio do nada. É fruto de uma tradição já bastante desenvolvida. Não se deve crer, portanto, que a música não acompanhava e compartilhava essa sofisticação.

A falta de meios e instrumentos realmente objetivos e pertinentes na decifração da notação musical da música bíblica empalideceu o seu resultado. Nesse sentido, importante passo foi dado por Suzanne Haik Vantoura em *La Musique de la Bible Révélee*, desenvolvendo os trabalhos de A. Z. Idelssohn que recolheu melodias em *Hebräisch Orientalishen Melodienschatz*, de R. Tournay e Armand Machabey.

Moisés instalou os filhos de Levi, os levitas, nas funções sacerdotais. Davi impulsionou suas atividades musicais no Templo de Jerusalém, onde seu número chegou a quatro mil. Os levitas conservaram as tradições dos Cantos Sagrados, mesmo depois da destruição do segundo Templo (ano 70 da nossa era). Posteriormente, os massoretas, guardiões da Tradição (do Massorá), desenvolveram a notação *musical* dos textos na escola de Tiberíades (vila fundada no primeiro século na Palestina), por volta do ano 900.

A notação estabelecida pela escola de Tiberíades recupera sinais da primeira notação bizantina (*Ekfonética*) reservada então para a cantilação do Antigo Testamento. A notação massorética, conhecida como "da escola de Tiberíades", compõe-se dos *te amim*. Esses são sinais gráficos superiores e inferiores à escrita, e cujo significado etimológico é "acentos", "tom-música".

A notação grega (situada aproximadamente no século VI a.C.), apesar de alfabética (o que a distancia das no-

---

1. COMBARIEU, J., *Histoire de la Musique.*

tações neumáticas), ou seja, cada grau da escala é representado por uma letra, deriva dos sinais massoréticos. Uma notação quase totalmente perdida, pois os escribas que, século após século, transcreveram a parte literária das produções líricas ignoravam o significado musical das letras, deixando assim de copiá-las.

Mas a raiz de todas essas notações antigas é gestual. As notações são uma transposição gráfica de uma gestualidade de tempos longínquos: a quironomia. "Termo utilizado para designar os gestos das mãos e dos dedos que exprimiam um som, um intervalo, as flexões da linha melódica etc."[2]

Há três mil anos antes de Cristo, os egípcios já documentavam a prática da quironomia através das representações de cenas musicais nas câmaras mortuárias das pirâmides, ao longo de três impérios faraônicos. Portanto, bem antes das notações gráficas. O encontro com essa raiz gestual no sistema de notação dos *te amim* se dá através da revelação etimológica dos diversos acentos que compõem os dois sistemas de cantilação: prosódia e salmodia.

Por exemplo, um *te amim* que figura abaixo do texto *Tipha*, cuja etimologia nos leva à *palma*, uma expressão claramente quironômica. Os *Atnah* – repouso, *Merkha* – alongamento, *Telisha getanah* – pequena arrancada etc.

A mão esquerda ficaria encarregada de sinalizar os graus principais da melodia, a direita, os melismas ou grupos de notas cujos sinais figuram acima do texto.

O desenvolvimento da linguagem musical e a expansão melódica, no início da era cristã, tornaram a sinalização quironômica obsoleta. Não seria possível representar através de gestos e movimentos de dedos as sutilezas cromáticas que se infiltravam na linha melódica e o grande número de novas possibilidades de encadeamento melódico. Até a notação alfabética grega foi abandonada por sua limitação representativa.

Para a prática musical era necessário um quirônomo para cada instrumentista. A harpa que tocava dois sons simultâneos necessitava de dois, um para cada mão. (Veja a

2. VANTOURA, S. H. *Op. cit.*

imagem – os quirônomos fazem o mesmo gesto, os músicos tocam em uníssono.)

Começando o caminho de volta em direção à música de hoje notam-se as semelhanças entre alguns procedimentos gestuais que implodiram a estrutura comportada e estratificada do modo de produção musical e a quironomia. A música do século XX procura retrabalhar os processos e procedimentos abandonados ao longo da história, principalmente a partir da elaboração do sistema tonal (fins do século XVI) até os primeiros anos deste século.

Reconquista do arsenal de gestos, teatralidade e informalidade. Integração das linguagens gestuais, visuais e sonoras. Troca de energias – *body music* –, ritualização da prática musical. A *Re quironomia* decorre da união gesto-som. O pesquisador e compositor francês Pierre Schaeffer – pioneiro da música concreta – chegou à conclusão, depois de pesquisas com os moduladores de freqüência, de que primeiro veio o ritmo que gerou o som.

A raiz gestual da música de hoje é uma recuperação estrutural. Relaciona-se antes de tudo com a prática musical. Também foi a resposta para a superação da notação em pentagrama – forma cristalizada que tornou a quironomia obsoleta no passado – que possibilitou novas formas de organização temporal. Enfim, diminui a distância entre o gesto e a emissão.

O gesto como forma de comunicação é uma característica do homem pré-alfabeto. Hoje é característica do homem pós-Gutenberg, eletrônico. Assim se realiza um *retorno*, não às origens do resultante: ao produto, mas ao *processo* em si mesmo. Dentro de uma concepção da estrutura temporal da história, não de linearidade, mas de contraponto com suas várias linhas de desenvolvimento, como pensava Vico.

E uma dessas linhas históricas liga a raiz gestual da notação musical à liberação do mundo sonoro e suas práticas atuais. O desenvolvimento da prática gestual como sinalização derivou – pelas condições históricas da música ocidental – na regência, o avesso da prática gestual contemporânea como elemento constitutivo. A regência já não é

Os quirônomos fazem o mesmo gesto: os músicos tocam em uníssono (Mural da Tumba da V Dinastia, 2600 a.C., Museu do Cairo).

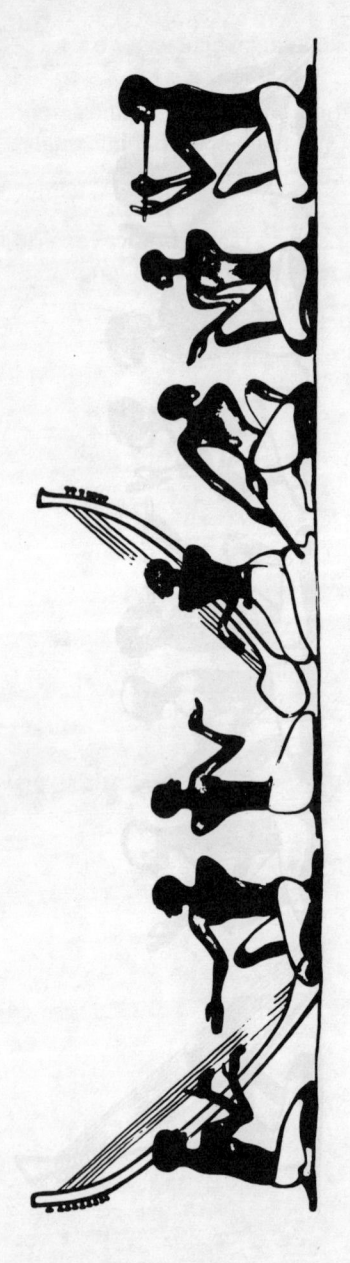

Os quirônomos fazem gestos diferentes: os músicos tocam sons diferentes (Cena da Música Egípcia, Novo Império, Museu de Leyde).

notação, é a segunda articulação do processo de decifração do texto musical, não indica o que fazer, mas *como* fazer.

A música de hoje realiza a síntese entre os primórdios da articulação da linguagem e a informalidade antropofágica da linguagem moderna. O que a torna mais próxima dessa música pré-tonal e pré-polifônica do que da música praticada há cem anos atrás. A prática musical tende a abolir o sistema de sinais gráficos, o código fechado. Tende ao gestual-visual, assim como há cinco mil anos...

1984

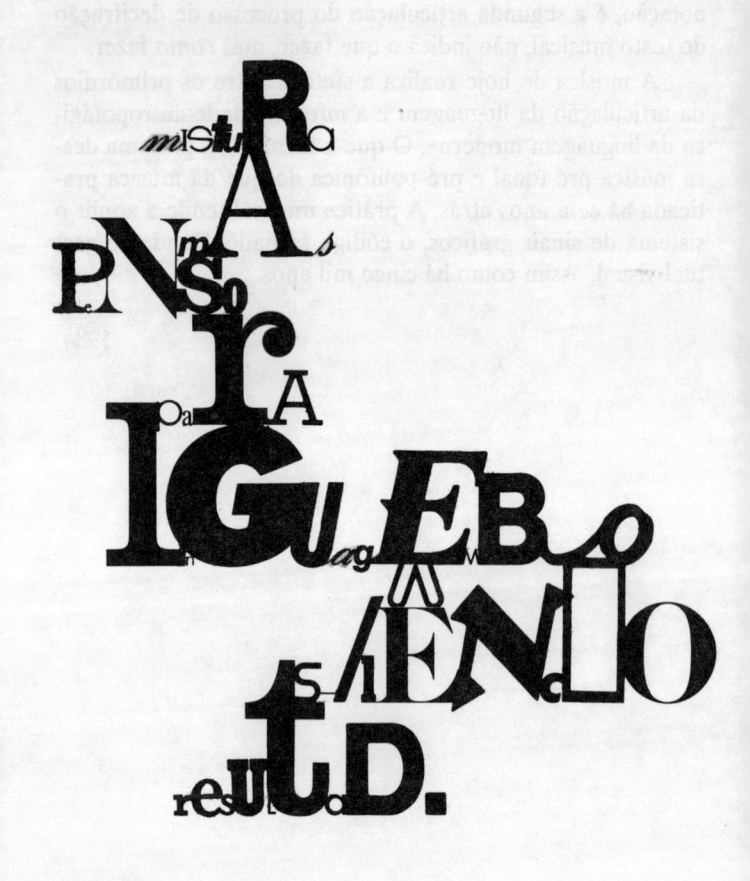

Mesóstico criado segundo as operações de acaso utilizadas por John Cage, por Mariceli Paim Cunha, Júlio Mendonça e Livio Tragtenberg, 1982.

PRIMAVERA: JOHN CAGE!*

1983. Cage compõe ear for EAR *para o número do décimo aniversário da* Ear Magazine East, *revista de música e criação. A peça, com o subtítulo de* Antifonias *é para um grupo vocal indeterminado, onde as vozes estão escondidas no espaço, e somente uma é visível. Ironia com os vários "ouvidos" do corpo humano? Espaço: orelhas sonantes.*

John Cage, "profeta e guerrilheiro da arte interdisciplinar", como o chamou Augusto de Campos em artigo publicado quando ele completava setenta anos, teve uma grande influência em todos os campos da arte contemporânea; e falando sobre o pintor Jasper Johns, ele coloca a diferença básica entre o modo europeu e o seu modo de fazer arte:

"Ele não necessita de estrutura alguma, envolvido como está no processo." Perguntei-lhe em quantos processos estava envolvido. Concen-

* Agradeço a colaboração de I. Peres e Júlio Mendonça.

trou-se para responder e, falando sinceramente, disse: "É tudo um só processo". (*A Year from Monday*, pp. 75-76.)

1979-1982. Empty Words, *quarto livro de Cage, interrompe o* Diário*: "Sou um otimista, essa é a minha* raison d'être. *Mas as notícias diárias, de certo modo, me deixaram mudo" (tradução de Augusto de Campos). Mas Cage compõe* Circus on *(1979) para atores;* Hymns and Variations *(1979);* Litany for the Whale *(1980) para duas vozes;* Thirty Pieces for Five Orchestra *(1981), peça que não utiliza regentes. Nos últimos anos, Cage tende a desenvolver ainda mais o sentido de teatralidade, e por que não, de "festa na criação musical".*

- São umas peças melhores que outras?
- Por que perde seu tempo e o meu tentando fazer juízos de valor? Não vê que quando se consegue um juízo de valor não se vai além com isso? São destrutivos para nossos próprios interesses, que são a curiosidade e a consciência. (Entrevista a Richard Kostelanetz.)

...durante muitos anos ele viajou por toda arte da América e mais recentemente (1967) pelo mundo como diretor musical, ou ainda ocasionalmente como motorista e cozinheiro, da companhia de dança de Merce Cunningham. (Peter Yates, *Twentieth Century Music*.)

Por que Cage nos interessa? Sua música pode nos ajudar a sair do domínio das formas, ideais e ideologias da arte européia, bem como das sintaxes autoritárias de Pierre Boulez (racionalismo clássico) a Hanns Eisler (reformismo-estético comunista).

1976-1978. Cage trabalha com o Finnegans; *seu texto* Writing through Finnegans Wake *de 1978 serve de base para o* Roaratório, an Irish Circus on Finnegans Wake *de 1981, onde utiliza as dez palavras de cem letras que constituem "a fala do trovão". Compõe* Quartets I-VIII *para vinte e quatro, quarenta e um e noventa e três instrumentos;* Telephones and Birds *(1977) para três performers, ruídos de telefone e gravações de cantos de pássaros;* 49 Waltzer for the Boroughs *(1977), indeterminada;* Inlets *(1977), também indeterminada;* Um Mergulho no Lago: Dez Quicksteps, Sessenta e Uma Valsas, e Cinqüenta e Seis Marchas para Chicago e Vizinhanças *(1978) para grupos sonoros indeterminados;* Variations VIII *indeterminada; e* The Harmony of Maine *(1978) para organista e três assistentes.*

– Não lhe impressionou a peça *Moviehouse* de Claes Oldenburg?
– Sim. Mas era uma situação política. Era politicamente ruim; dizia-se às pessoas para não se sentarem. Eu me neguei, e me sentei e também o fez Duchamp.
– Estava incômodo ficar de pé?
– Não. O que não aceito é que me digam o que devo fazer. (Entrevista a Richard Kostelanetz.)

No preciso momento em que parecem renascer os "netos de 68" da música contemporânea, que ainda não aceitam as mudanças produzidas pela história, tecnologia, e retomam um papo reformista, autoritário, na medida em que eles sempre sabem o que devemos fazer e o que devemos ouvir.

1973-1976. Cage cria para Merce Cunningham duas músicas: Child of Tree *(1975) e* Branches *(1976), um solo (percussão e material sonoro amplificado) e uma peça para conjunto (percussão).* Études Australes I-IV *e* Études Boreales I-IV *(1975 e 1978) para piano solo e cello solo, desenvolvendo operações de acaso com cartas astronômicas. O violinista Paul Zukofsky realiza uma edição de* Imitação Barata *(1976) para violino solo, colaborando com Cage em ainda dois projetos:* Freeman Etudes *(1977-1981) e* Chorals for Violin Solo *(1976). E Seiji Ozawa em Boston, depois Pierre Boulez com a Filarmônica de New York realizam a obra-cabide (superposições de diversas outras peças musicais do próprio Cage), o imenso "trovatório marcial", com o irônico nome de* Renga with Apartment House 1776 *com trezentos e sessenta e um desenhos dos* Diários *de Thoreau, setenta e oito partes para instrumentos ou voz, mais os cartões utilizados em* Child of Tree *e* Branches *e trechos dos* Song Books *e* Imitação Barata. *A peça é em homenagem ao bicentenário da Independência, no melhor estilo polifônico pulverizado de Charles Ives; essa superposição alude à estrutura do renga, forma poética japonesa, e especialmente ao haicai no renga. Onde o poema era composto por vários poetas, de caráter satírico.*

- Caos e ordem não são opostos. (Entrevista a Richard Kostelanetz.)

O "coeficiente artístico" pessoal é como uma relação aritmética entre "o que não está expresso mas estava planejado" e "o que está expresso sem intenção" (Marcel Duchamp).

1970. Volta à Universidade de Wesleyan. Compõe trinta e seis Acrósticos re e não re Marcel Duchamp. Trabalha com Socrate de Erik Satie; Song Books para voz (indeterminada), e a curiosa invenção Les Chants de Maldoror Pulverises par l'Assistance Lui-Même, Duzentas Páginas para um Público Francófone de não mais de Duzentas Pessoas (1971); e BIRD CAGE para doze gravadores (1972). M é o título do livro lançado em 1973; M de mushroom (cogumelo), de música, de Merce, de Marcel Duchamp, com quem Cage teve aulas de xadrez.

Segundo o cineasta Fischinger, para quem Cage fez música, o som é a alma de um objeto inanimado. Para Cage um som é um som, e não uma "estrutura" ou uma idéia, o que torna o músico um "organizador de sons", e era assim que Edgard Varèse definia sua música: "sons organizados".

Para ser interessado em Satie é necessário ser desinteressado, a começar com: aceitando que um som é um som e um homem é um homem, jogando fora as idéias sobre ordem, expressão de sentimentos e todo o resto herdado do nosso papo furado estético. (*Silence*, p. 82.)

Satie se aproximou da estética oriental, através da repetição, enquanto a escola francesa do Impressionismo buscava essa aproximação via melodia-timbre.

1964-1967. Turnê mundial em 1964, com a companhia de dança de Merce Cunningham da qual é diretor musical. Em 1967 é convidado na qualidade de compositor residente da Universidade de Cincinnati. Publica o livro A Year from Monday (De Segunda a um Ano, já há muito traduzido para o português por Rogério Duprat, e, incrível, aguardando o interesse das editoras), onde inicia seu Diário: Como Melhorar o Mundo (Você só Tornará as Coisas Piores), além de escritos sobre Charles Ives e Jasper Johns. Entre 1967 e 1969 trabalha como professor associado na Universidade de Illinois;

compõe Museum Events *(1966)*, Newport Mix *(1967)*, Reunion *(1968), a série de* Musicircus *(1967-   ) e* HPSCHD *com Lejaren Hiller em 1969. Em 1968 é eleito membro do* National Institute of Art and Letters. *É convidado pela Universidade da Califórnia como compositor residente. Publica com Alison Knowles o livro* Notations.

Esperando no hotel no Rio de Janeiro sem saber se ia ou não encontrar o pessoal que estava estudando anarquia (eles chegaram nos seus estudos aThoreau e, tendo ouvido que eu estava interessado no seu *Journal*, convidaram-me a dividir com eles minhas opiniões): o telefone não toca. (Em *Diário: Como Melhorar o Mundo (Você só Tornará as Coisas Piores)*, M, p. 59.)

Cage esteve no Rio por volta de 1968. Veio dar palestras e concertos. E através de uma conversa informal foi convidado a falar sobre Thoreau em um curso promovido por pessoas interessadas em anarquismo. Aceitou na hora. Da série de palestras, constavam temas como: o Maio de 68 na França, a Autogestão, a Revolução Mexicana, Espanhola, Russa. Cage proferiu por volta do dia 27 de julho uma palestra sobre "Thoreau e o Anarquismo", no Teatro Carioca em Botafogo.

Estava esplendidamente descontraído; falou sobre a necessidade da desobediência civil, traçou a trajetória da vida de Thoreau, discutiu sobre a criatividade em seu aspecto social e de que se deve procurar novas formas de convivência social. Como a palestra era em inglês, estava perturbado com as interrupções para a tradução, pois falava de improviso, e ele próprio morria de rir das piadas que contava. Foram notadas duas pessoas na platéia, empenhadas em tomar notas de todas as palestras do curso. Não se tratava de dois aplicados estudiosos do anarquismo. E deve estar registrado, nalgum lugar por aí, que John Cage é um instigador da desobediência civil e um perigoso anarquista, que rompe com tudo o que está estabelecido, até na música!

1960-1961. Leciona na Universidade de Wesleyan, Middletown, em Connecticut, onde completa seu livro Silence *em 1961; influenciado pela filosofia zen, empreende uma profunda análise sobre o caráter musical-acústico, filosófico-moral do silêncio. Compõe* Cartridge Music, *a primeira música eletroacústica explicitamente teatral.* Atlas Eclipticalis *para grande orquestra explora as imperfeições da superfície do pa-*

pel e a leitura de antigas cartas astronômicas. Em 1962 funda a Sociedade Micológica de New York. Turnê pelo Japão com David Tudor. Dirige a primeira apresentação em New York das Vexações *de Erik Satie com duração de dezoito horas no Pocket Theatre.*

– Eu sou totalmente a favor da multiplicidade, a atenção descentralizada, a descentralização; e estaria a favor da anarquia individual com um governo mínimo, pequenas comunidades. O que quer dizer isso? Quer dizer descentralização. Agora, se temos uma pequena comunidade, como a que temos aqui mesmo (Stony Point, New York), não continua vigente o princípio de descentralização? Chegamos ao Indivíduo. Eu também queria uma situação global que se aborda o que Fuller indica quando diz: "Quando um ser humano tem fome, toda a raça humana tem fome". (Entrevista a Kostelanetz.)

1954. Turnê pela Europa com Tudor. Aulas na New School of Social Research de New York em 1956; em 1958 realiza-se no Town Hall de New York um concerto retrospectivo de sua música. Novamente Europa, conferências, cursos, concertos. Ganha seis mil dólares respondendo questões sobre cogumelos na televisão italiana. Compõe Fontana Mix. *Volta a New York, onde dá três cursos: 1. Identificação de Cogumelos; 2. A Música de Virgil Thomson; 3. Composição Experimental.*

A gente tem de eliminar todos os pensamentos que separam a música da vida. (Da Conferência da Juilliard, tradução de Rogério Duprat.)

Não precisamos destruir o passado; ele já se foi. (Da Conferência da Juilliard.)

Sintaxe, segundo Norman O. Brown, é a estrutura do exército. Quanto mais nos separamos dela, desmilitarizamos a linguagem. Isto se dá por vários caminhos: a linguagem simples é pulverizada; o limite entre duas ou mais linguagens é superado; elementos não estritamente lingüísticos (gráfico, musical) são introduzidos. Traduções tornam-se, se não é impossível, desnecessárias. *Nonsense* e silêncio são produzidos, familiares aos amantes. (Em *M*, p. 2.)

1952. Paisagem Imaginária nº *5: uma programação aleatória composta de uma colagem de quarenta e dois discos de jazz, dançada por Jean Ertman. De volta ao Black Mountain College, organiza o primeiro* happening *com Tudor, Cunningham, Rauschenberg, M. C. Richards, Olsen e outros. Neste mesmo ano, Tudor apresenta a peça silenciosa* 4'33" *em New York. As conferências e os escritos culminam em* 45' *para Locutor de 1954. Cage muda-se para uma comunidade cooperativa em Rockland County, New York, com David Tudor, M. C. Richards e outros amigos.*

Paisagem Imaginária nº 4 (1951): a peça é escrita – escrupulosamente – com colcheias e pausas, para um conjunto de doze rádios com dois operadores por aparelho. O regente obedece às determinações da partitura, mas a indeterminação dos programas captados impossibilita o mesmo resultado sonoro duas vezes.

1949. Primeira apresentação das Sonatas e Interlúdios *para piano preparado em New York. Cage compõe* Dezesseis Danças *para Cunningham, onde utiliza pela primeira vez cartas e diagramas, destinados a facilitar o inventário das variações possíveis de uma estrutura que, com sua utilização sistemática, pode dispensar a necessidade da "escolha". Num concerto com música de Webern, Cage reencontra Morton Feldman, que lhe apresenta um jovem pianista, David Tudor. Mais tarde conhece o compositor Christian Wolff, que lhe presenteia o* I Ching *(Livro das Mutações). Fascinado pelo parentesco entre os oráculos chineses e seu sistema de diagramas, Cage compõe* Música das Mutações *em 1952.*

A ordenação deste texto "obedeceu" às respostas que foram obtidas através dos hexagramas do *I Ching*. Primeiro: Qual o caminho a ser seguido em um texto sobre Cage? Resposta: hexagrama 17 (SUI) SEGUINDO (INTEGRAÇÃO), composto dos trigramas trovão e lago, força e serenidade. Segundo: Para quê? Resposta: hexagrama 58 (TUI) (O PRAZER), composto de dois trigramas lago.

Não mais Deus de segunda mão, Buckminster Fuller (1963).
- Por que você compõe música?
- Em primeiro lugar, você não deve perguntar "por quê". Olhe ao seu redor, as coisas de que está gozando, e veja se elas lhe perguntam por quê. Verá que não. O costume de perguntar "por quê" é o mesmo que o de perguntar sobre o que é melhor ou mais importante. São perguntas estreitamente relacionadas que lhe permitem desconectar-se de sua própria experiência, em lugar de identificar-se com ela. Esta é a verdadeira resposta. A resposta prática é que quando eu era jovem não conhecia nada melhor, e decidi dedicar-me à música. O "por quê" me foi questionado, lá

atrás, historicamente. Eu prometi a Schoenberg que faria isso. Ele me deu aulas gratuitas. Faria o mesmo, mesmo que não lhe prometesse nada. (Entrevista a Richard Kostelanetz.)

Cria sob o impacto do Finnegans Wake de Joyce a melodia para voz e piano fechado: A Maravilhosa Viúva das Dezoito Primaveras *em 1942. No ano seguinte, compõe* Amores *para a dança de Cunningham, onde procura exprimir "o erotismo e a tranqüilidade, duas sensações permanentes na tradição indiana". A partir de 1945 aprofunda as suas preocupações teóricas, estudando a filosofia oriental com seu aluno de contraponto Gita Sarabhai, e zen-budismo com D. T. Suzuki na Universidade de Colúmbia. Em 1948 organiza no Black Mountain College o Festival Satie, onde pronuncia conferência sobre a importância de Erik Satie e Anton Webern na música do século XX, e também sobre a influência perniciosa do exemplo beethoveniano no desenvolvimento da música ocidental.*

– Schoenberg, de quem você foi aluno, disse que você "não é um compositor, mas um inventor genial". O que você inventou?
– A Música (não a composição).
O pulo de Fel(i)dman sobre Cage:
– Que sentido você dá ao tempo musical?
– (*Longo silêncio*) Eu não o compreendo.
– Quais são os problemas que se põem para boa parte dos compositores hoje em dia?
– Os problemas são sempre pessoais, jamais coletivos. O problema é psicológico: existem os instrumentos, e existe a minha música e eu devo ajustar os dois.
– Dê um conselho ao jovem compositor!
– Você conhece a *Montanha Mágica* de Thomas Mann. Lá diz: "Adeus! Agora você vai viver, ou tombar. Suas chances são mínimas". (Entrevista de J. Y. Bosseur com o compositor Morton Feldman.)

1939. Compõe a primeira música eletroacústica Paisagem Imaginária nº 1, *para dois gravadores, piano e pratos. Cria um programa radiofônico com uma partitura de duzentos e cinqüenta páginas de efeitos sonoros. Vai para San Francisco onde trabalha com Lou Harrison e orquestra de percussão. Volta a New York onde reencontra Mondrian, Breton, Virgil Thomson e Marcel Duchamp, em 1941 é apresentado por Jean Erdman ao dançarino Merce Cunningham; e em 1942 compõe para Cunningham a música para* Credo in US, *e ainda* Paisagem Imaginária nº 2 e 3 *com fontes eletroacústicas.*

Contínua mudança de trama e personagens, a história já não é uma peça escrita por um filósofo, um partido ou um Estado poderoso; não há "destino manifesto": nenhuma nação ou classe tem o monopólio do futuro! A história é invenção diária, permanente criação: uma hipótese, um jogo arriscado, uma aposta contra o imprevisível. Não uma ciência, mas um saber; não uma técnica: uma arte. (Octavio Paz, *Corriente Alterna*.)

Além do mais, o movimento geral da literatura contemporânea, de Joyce a Cummings, das experiências de Queneaux às combinações da eletrônica, tende a restabelecer a soberania da linguagem sobre o autor. (Octavio Paz, *O Arco e a Lira*.)

1937. Como Varèse, Cage trabalha com percussão, fazendo música para o balé aquático da Universidade da Califórnia, com uma orquestra de percussão (cria o Water Gong – submergindo o instrumento na água). Muda-se para Seattle como acompanhante nas classes de dança de Bonnie Bird na Cornish School. Em 1938 compõe música para Bacchanale, *balé de Syvilla Fort. E dando continuidade às experiências de Henry Cowell com materiais inusitados percutidos ao piano, Cage "prepara" o piano colocando parafusos, pregos, borracha etc. entre as cordas, transformando o timbre e a ressonância.*

A bibliotecária da Biblioteca Pública de Los Angeles, Gladys Caldwell, contou-me que, por volta de 1924, uma voz jovem, porém decidida, lhe disse ao telefone: "Meu nome é John Cage. Tenho doze anos. Toco piano. Estou procurando um violinista que possa tocar comigo as sonatas de Beethoven. Você pode me encontrar um?" (Peter Yates, *Twentieth Century Music*.)

1930. Paris: estuda arquitetura, depois se interessa por pintura. Retorna aos Estados Unidos e à música, através das aulas de piano de Lazaro Levy, que o faz descobrir Bach, e de um concerto de John Kirkpatrick (estudioso e intérprete de Charles Ives) que lhe revela a música moderna. Por volta dessa época imagina um sistema matemático com a freqüência sonora, o som como fenômeno acústico. Não tem outra forma de ganhar a vida senão pronunciando conferências de iniciação à música e à pintura moderna. Procurando dados so-

bre Schoenberg, conhece o pianista Richard Bühlig, que o aceita como aluno. Cage inventa um método serial de vinte e cinco semitons e aplica rigorosamente o axioma da não-repetição dodecafônica. Mostra algumas composições a Henri Cowell, que também o aceita como aluno. Muda-se para New York para ter aulas com Cowell e Adolph Weiss, que o levam até Schoenberg em 1934.

Agora "bolchevismo cultural" é o nome dado a tudo o que se refira a Schoenberg, Berg e a mim (assim como a Krenek)... não sei o que Hitler entende por "música nova", mas sei que o que designamos por esse termo é um crime para essa gente. (Webern, 1933, citado por Augusto de Campos em *O Balanço da Bossa*.) O "coro dos contentes" hoje tripudia sobre Webern, Schoenberg etc. A má consciência calvinista volta a atacar.

John Cage é um antídoto para o direcionalismo autoritário do discurso de uma certa "nova música engajada". Ele não é um pregador "de verdades". Sua escuta é descentralizada, sua fala é o diálogo.

John Cage nasceu em 5 de setembro de 1912, em Los Angeles, Califórnia. Filho do inventor John Milton Cage que construiu um submarino, com o qual conseguiu o recorde mundial ficando submerso durante treze horas, numa sexta-feira 13, e com treze passageiros. Cage inicia seus estudos de piano com sua prima Phoebe, e já compõe transcrições para o canto dos pássaros. Bird Cage.

1983

Sem Título, de Julio Mendonça, 1982.

John Cage lendo *Muoyce*, São Paulo, 1985 (Foto Alexandre Tokitaka, Banco de Dados da *Folha de São Paulo*).

RESPOSTAS SEM PERGUNTAS

"O músico de hoje abre o seu caminho sem mais ter de esperar pelos cinqüenta anos", respondeu John Cage a Erik Satie. ("Durante minha juventude diziam-me: você verá quando tiver cinqüenta anos. Tenho cinqüenta anos e nada vi.")

Atravessando boa parte do século XX, a música de Cage construiu o seu caminho próprio. Um caminho que atravessou a técnica dodecafônica (*Methamorphosis*, 1938), o atonalismo livre, pesquisas com percussão desencadeadas entre outros por Edgard Varèse e a vanguarda serial dos anos 50. A obra de John Cage veio então se desenvolvendo a partir de seus próprios resultados e pesquisas. Seja através de rupturas ou de sínteses momentâneas, fiéis somente ao espírito de invenção, curiosidade. Como o moto confuciano recuperado por Ezra Pound: *Make it knew* (renovar). Portanto um caminho pessoal à margem das escolas e de um certo sentido de "escola" presente na música européia deste

107

século. Cage colheu no ar a tradição viva americana: Ives, Thoreau, Emerson, Gertrude Stein, Buckminster Fuller e Henry Cowell.

Como artista interdisciplinar, sua música está integrada à sua atividade como escritor, pensador, *performer* etc. A música de John Cage é a vida de John Cage. Isso quer dizer tudo e quer dizer nada também. Ele é um libertário detonando um mundo tradicionalmente autoritário, de castas, como é o da música de concerto.

Assim como a obra de Anton Webern é um cristal luminoso que emite silentes sinais, a música de Cage (conjugada a toda sua atividade criativa) se assemelha a um móbile. Sem forma acabada, mutante. Ela escapa da mentalidade classificatória linear. É uma esfinge silenciosa.

A visita de Cage a São Paulo provoca, sem dúvida, um questionamento de músicos e compositores. No entanto, Cage não tem respostas (uma das qualidades de um espírito não-autoritário). E antes disso, é preciso saber qual é a pergunta? A música de Cage pesquisa basicamente o *tempus* como elemento motor da vida e, paradoxalmente, a maior parte de seus trabalhos não é possível quantificar apenas de uma forma, ou mesmo quantificar. Não aponta para uma possibilidade, mas para muitas. Constelações de intenções, analógicas. Um universo próximo ao do poema pós-utópico onde "o resíduo utópico que nele pode e deve permanecer é a dimensão crítica e dialógica que inere à utopia" (Haroldo de Campos). A utopia da experiência e da ação é a utopia palpável para um ativista como Cage.

Apesar da tendência de regressão, de conservadorismo *feliz* (que também atende pelo nome de transvanguarda, *new*-expressionismo etc.) e do uso imitativo e vegetativo dos atuais recursos tecnológicos, os novos processos ainda são resultado de novas idéias. Por isso os compositores que copiam os *processos* que Cage utiliza trabalham sobre o nada, o vazio; não percebem que esses processos são um só processo, pessoal. As operações com o acaso são um bom exemplo disso. O caminho que levou Cage ao *I Ching* e ao zen é pessoal e, como tal, intransferível. Nenhuma experiência é igual a outra.

A abordagem da obra de Cage pode se transformar para o compositor e intérprete num processo de autoconhecimento. Como escreve Cage: "Sign the form; take the job; go on with your work". Ele acentua reiteradamente a importância da *individualidade*, da *experiência* como forma de trabalho e da *ação*: fidelidade ao improvável e ao risco.

O compositor Morton Feldman acha que "os problemas (para os compositores) serão sempre pessoais, jamais coletivos".

Mas apesar da ação interdisciplinar da obra de Cage, a tecnologia eletrônica não assume um papel de sujeito da composição. Ele reduz à mesma materialidade um recurso proveniente de um sintetizador digital e o som captado ao acaso num sintonizador de freqüência modulada. O maravilhoso mundo dos sintetizadores é mais uma etapa do processo de renovação técnica iniciado há mais de seis mil anos com a lira de uma corda.

Neste momento pós-utópico, em que as vanguardas abandonam a dimensão de futuro e que o tonalismo reaparece em versão *naïve* e em versão "engajada", a obra de Cage permanece como uma janela aberta. Os compositores jovens estão numa situação parecida à do poema *Esphinge* de Emerson:

> És a pergunta sem resposta
> teu próprio olho que em mim mira
> sempre a pergunta repergunta
> toda a resposta é uma mentira[1].

Um momento de sim e não. E não de ou-ou. Assim falou Buckminster Fuller (1963): "Não mais Deus de segunda mão".

1985

---

1. Tradução de Augusto de Campos.

Foto de Lisetta Carmi, 1967.

A MÁSCARA SONORA DE EZRA POUND

Outubro de 1985: centenário de nascimento do poeta – *plus herege* – Ezra Pound. A esfinge que continua interrogando o futuro.

> Que eu perdi meu centro / combatendo o mundo
> Os sonhos se chocam e são esmagados
> E que eu tentei fazer um paradiso / terrestre

Para Pound, "uma arte interpreta a outra". Assim procurou colocar "as palavras rituais em ordem ritual" (Joyce). Para ele, as palavras se encontram poluídas de significados e símbolos, tornando-se ineficazes, imprecisas. Ele buscou na poesia chinesa, provençal e grega, a matéria bruta e despoluída para retraduzir na sua obra mais importante (a épica sem enredo segundo H. Kenner): *Os Cantos*.

> Não se movam / Ouçam o vento / esse é o paraíso.

Assim, buscando colher no ar a tradição viva, Pound chegou à poesia dos trovadores provençais, de alto nível de elaboração formal; traduziu as *Odes Clássicas* recolhidas por Confúcio e encontrou em Ovídio e Homero os pontos luminosos que o guiaram na composição de uma épica contemporânea. "Épica é a poesia que contém história". Se no início da composição dos *Cantos* Pound buscava um texto mais abrangente, no seu decorrer as *personae* do poeta vão assumindo um papel cada vez mais determinante, tornando-o um monólogo a várias vozes, que combina os dados pessoais e as diversas *personae* de forma constelar.

O que amas de verdade permanece / O resto é escória
O que amas de verdade não te será arrancado

O Vortex-Pound – redemoinho, relações em movimento –, que engloba a atividade do crítico-tradutor-instigador e músico, é um mosaico que, ao invés da fragmentação, se contorna pela constelação.

Nos *Manifestos Vorticistas* de 1913-1914, Pound dizia que "não existe nenhuma música vorticista"; para ele esse tipo de música deveria levar em conta o aspecto acústico-espacial do som, aliado às novas formas de geração sonora.

E foi em George Antheil e seu *Balé Mecânico* – escrito para pianos, percussão e materiais diversos como motores – que ele encontrou a música vorticista. A peça de Antheil é interessante, mas a seqüência de trabalhos mostrou que o *bad boy* se tornou o bom rapaz da música. Antheil não atinge a radicalidade e a eficiência que Edgard Varèse conseguiu no uso da percussão; e em 1947 compôs uma inofensiva *Quinta Sinfonia* intitulada "jovial".

Podes penetrar a grande noz de luz?
Mas a beleza não é a loucura
Ainda que meus erros jazam a meu lado

Para Pound o conhecimento musical é imprescindível ao poeta. Definia a poesia como "uma composição de palavras colocadas em música". E na combinação da palavra e do canto – *motz el son* – dos trovadores dos séculos XI e XII, Pound encontrou um alto nível de elaboração poética e musical. A poesia provençal têm nos meios rítmicos e sonoros uma fonte viva para a poesia contemporânea. A canção popular, que hoje movimenta multidões, em raros momentos atingiu a sofisticação artesanal de um Arnaut Daniel, Bernart de Ventadorn. Pound trabalhou na recuperação de melodias e textos. A localização e a interpretação dos documentos do período são escassas e nem sempre muito precisas. Ele recolheu a obra completa de Arnaut – de quem só restaram duas melodias originais – e a traduziu para o inglês (Augusto de Campos traduziu para o português). Arnaut Daniel – *il miglior fabbro*, segundo Dante – era um mestre da melopéia, uma das espécies de poesia, segundo Pound, onde "as palavras estão carregadas, acima e além de seu significado comum, de alguma qualidade musical que dirige o propósito ou tendência desse significado". Editou com o pianista W. M. Rummel uma coleção de canções dos séculos XII e XIII, e com Agnes Bedford *Five Trobadour Songs*.

> Ter colhido no ar a tradição mais viva
> ou num belo olho antigo a flama inconquistada
> isto não é vaidade.

A pesquisa com os provençais levou Pound à composição: *Cavalcanti* (manuscrito perdido) e *Le Testament de Villon* (estreada na Sala Pleyel em 1926). A estrutura musical do *Testament* é para um músico, no mínimo, intrigante. Não se trata de uma ópera, mas uma série de monólogos e corais dramáticos, baseados nas baladas de François Villon. A instrumentação é peculiar. Originalmente escrito para vozes, violino, corne e diversos instrumentos medievais. O próprio Pound tocou os tambores na estréia. Ele havia assistido a Jean Cocteau tocando bateria numa *jazz band* "não com um fervor africano, mas tratava-se de uma operação matemática muito complexa". Aliás, a preocupação com o racional e o acústico em relação à música é uma constante em outro intrigante livro, o *Treatise on Harmony*. Robert Hughes realizou em disco uma versão da peça com uma instrumentação ampliada, que incluía coro, solistas, flauta, oboé, sax, cordas etc.

mas a luz canta eterna
pálida flama sobre os pântanos
Tempo, espaço, / vida nem morte é a resposta

Manuscrito da ópera *Le Testament de Villon*, de Ezra Pound.

Pound também exerceu a crítica musical. Entre 1917 e 1920 colaborou no *New Age* sob o pseudônimo de William Antheling. O estilo, tanto na crítica como no *Treatise*, é fragmentário e aforístico. Ele inicia o *Treatise* ironicamente: "Qual é o elemento grosseiramente omitido por todos os tratados de harmonia, *mon élève*...", ante o olhar brilhante e interrogativo do aluno, o mestre responde: É o elemento TEMPO. É impressionante como as antenas poundianas nesse texto abordam problemas que seriam retrabalhados vinte anos mais tarde por John Cage em *Silence*. O *Treatise* de Pound pulsa em dois sentidos: uma revalorização da emissão do som através da reutilização de instrumentos antigos – que para ele também estavam livres da carga expressiva clássico-romantica – e a pura especulação acústica. O contato com Arnold Dolmetsch, autor de um livro sobre interpretação da música dos séculos XVII e XVIII e ativo *luthier* e intérprete, aproximou-o das questões da prática musical. Em *Vers Libre and Arnold Dolmetsch*, em estilo aforístico, Pound escreveu:

> ...nós escrevemos diferente do que tocamos. Se confunde Tempo ou Compasso, com o que chamamos Cadência ou Movimento. Compasso define a quantidade e a regularidade dos tempos; Cadência é o próprio espírito, a alma a ser somada.

Mas a crítica poundiana também era ferina: "...já escrevemos o quanto Liszt é ESTÚPIDO, e o pouco que ele conhece sobre acordes". Satirizava a xaropada do *pye-ano* dos *Ge-entleman*. Ou "toda a escola dos *lieder* é ruim". Sua colaboração em *New Masses* e *The New Criterion* também está reunida no volume *Antheil and the Treatise on Harmony*[1]. A contribuição mais importante de Pound no campo da música é a reinvenção da poesia provençal, que recolocou a questão da relação palavra-som – tão cara à música contemporânea – e fez soprar o leve olor de Noigandres sobre os músicos e poetas que não ouvem.

> Confessar o erro sem perder o acerto:
> Caridade eu tive algumas vezes,
>   não posso fazê-la fluir.
> Uma leve luz como um pequeno lume
> para reconduzir ao esplendor[2].

1985

---

1. Da Capo Press, 1968, reimpressão da edição de 1927.
2. Traduções de Augusto e Haroldo de Campos e Décio Pignatari.

Balé *O. de A. do Brasil*, com o Balé da Cidade de São Paulo, Teatro Municipal, 1984 (Foto de Sérgio Moraes, Banco de Dados da *Folha de São Paulo*).

TEATRO MUNICIPAL: O NOVO E O OVO

O Teatro Municipal de São Paulo reabre hoje, mas a situação precária de conservação que levou ao seu fechamento é o reflexo de um contexto maior, que se mantém desanimador – o da música erudita em São Paulo –, onde as escolas oferecem um ensino deficiente e conservador, onde as orquestras jovens reproduzem esquemas antiquados e os grupos profissionais se debatem entre a apatia do funcionalismo público e os baixos salários.

Relendo a crítica musical de Mário de Andrade, especialmente os artigos publicados sob o título "Campanha contra as Temporadas Líricas" de 1928, constata-se que passados sessenta anos a situação da música erudita na cidade pouco mudou em seu aspecto básico, a infra-estrutura, para o que é necessário uma filosofia e ação. Hoje não cabe mais uma crítica que aponte no sentido de nacionalização como elemento redentor, como queria Mário. Mas, até certo ponto, a busca cega (típica do provincianismo) de uma internacionalização por si resulta numa fachada cultural que nos coloca na posição de observadores passivos da cena internacional. Por isso, não se trata de retomar uma postura nacionalista excludente, mas de buscar condições para que os criadores brasileiros possam desenvolver trabalhos de alto nível.

Na época da criação do Departamento Municipal de Cultura, criado e dirigido por Mário de Andrade entre 1935 e 1938, o Estado era uma das poucas estruturas organizadas capazes de dar sustentação à música sinfônica e ao ensino musical. Essa estrutura burocrática foi tomando conta, se engendrando na cena artístico-criativa e fez escola na música erudita. Assim, a música "diplomada" passou de "essa bonita festa de ricaço" (como se referia Mário à Temporada Lírica Oficial) para zona de interesse eleitoreiro, e vitrina *fashion*-de-um-pós-modernismo-jeca.

As orquestras jovens são o primeiro passo no adestramento do instrumentista, que ainda frágil diante de uma estrutura autoritária montada sobre um suposto "saber" do mestre embarca na reprodução das formas mais velhacas de convivência e prática musical, como a competição e o conservadorismo como afirmação de um saber que é moeda bem aceita no *establishment*.

Com o ensino oficial não aconteceu diferente. O Conservatório Dramático Musical de São Paulo parece ainda o berço esplêndido da pianolatria provinciana. A Escola Municipal de Música carece de um plano pedagógico moderno, sintonizado com as novas tecnologias, realidades sonoras e linguagens musicais, onde o aluno seja um colaborador da própria formulação pedagógica e curricular.

O Novo e o Ovo

O Teatro Municipal sempre teve uma vocação ambígua, bivalente – uma, a de ser o templo da arte conservadora; e outra, histórica, de abrigar o novo (como a Semana de 22) –, também sofreu dos mesmos problemas gerados pelas varizes burocráticas. Mas é justo que se diga, a situação só chegou ao ponto crítico atual porque contou com a conivência e a colaboração molenga tanto da burocracia cultural como dos músicos. Hoje é necessária uma reestruturação, que não terá efeito se for implementada dentro da atual intrincada rede de acomodações.

A transformação do Teatro Municipal de São Paulo em fundação seria um primeiro passo. O segundo seria uma reacomodação de todo o pessoal envolvido, administrativo e artístico, segundo critérios de competência, procurando reverter assim o quadro de inércia que a estabilidade provoca no funcionário público. O Municipal corre o risco – se não lutarmos para a criação de meios que possibilitem uma atividade local interessante, que motive as idéias e a público – de se transformar num "aeroporto cultural", que apenas recebe as atrações internacionais (necessárias para um intercâmbio, mas para um intercâmbio!), mas sempre fechado, sem teto para os vôos locais e que apresentam um real compromisso cultural com a cidade.

1988

TEMPORADA DO MUNICIPAL INSISTE NA SIMULAÇÃO CULTURAL

No início deste ano, 1990, o Teatro Municipal de São Paulo anunciou alguma coisa da programação musical para esta temporada. Parece-me que depois de um ano à frente do organismo público, essa programação reflete as pretensões da direção do teatro e traduz o que se poderia chamar de um projeto cultural.

Não bastasse toda a década passada, onde se consagrou a bazófia enjeitada do conformismo agasalhado na "pós-modernidade", a julgar pela programação anunciada referente à música e à ópera, o conformismo enjeitou e involuiu inaugurando novos tempos da simulação cultural, abrigada no guarda-chuva da gesticulação.

São Paulo vem percorrendo um doloroso e lento caminho na afirmação de sua expressão. Ao longo do tempo, conviveram no centro de sua vida social, cultural e econômica, duas forças principais e antagônicas. A primeira força, um reacionarismo oriundo das elites, rurais no passado, e industriais no presente. E a outra força – que permeia a anterior num sutil jogo de lençóis típico do capitalismo selvagem – é a força de renovação e fricção que busca, de forma particular, colocar a cidade em condições de se expressar e se questionar. Nesse sentido, o Teatro Municipal encarna em sua história essas forças: é o espaço de mofo e do novo.

Retrospectivamente, São Paulo viu nascer a Semana de 22, mas também a anta integralista de Plínio Salgado; e ainda, a poesia e a arte concreta, Volpi, o Teatro Oficina. Uma das características principais do cosmopolitismo atual da cidade é a convivência simultânea da tristeza do jeca com o cansaço blasé pós-moderno. Ou seja, uma forma própria de perceber e expressar um esgotamento com a fragmentação e a conseqüente convivência corrosiva de realidades tão brutalmente díspares. Que geram uma corrosão irremediável de parâmetros, de sistemas; o que Lyotard também chama de "deslegitimação", decorrente da abolição dos limites-fins normativos de técnicas e procedimentos especulativos.

Alheios à circulação do sangue da cidade que nos últimos tempos tem produzido uma cultura truculenta e ainda disforme, mas plena de autodilaceramento positivo, a diretoria do Municipal recoloca o velho disco da simulação cultural na vitrola gasta de um paraíso perdido, cujo chiado transmite apenas a mensagem trôpega da falsificação, sob os trinados insistentes da soprano do conformismo.

Simulação cultural é o resultado da gesticulação de um ritmado esqueleto de vazios (obras de arte escolhidas, recolhidas e agrupadas, segundo uma visão conformista da própria criação artística), cujos objetos sofrem seu esvaziamento simbólico, técnico e histórico através de sua recolocação no meio social orientada para a celebração nostálgica e fetichista, que procura recuperar uma "aura" de objeto cultural que, definitivamente, já não faz mais parte de nossos universos sócio-culturais, mas que encontra abrigo num senso mediano do mercado da cultura atual dominado pela heterogeneidade alegre da pós-modernidade, onde se desfila com a arrogância da mente hierarquizada as velhas roupas do imperador.

Vamos ao exemplo disso. Anuncia-se a realização de *Tristão e Isolda* de Richard Wagner pelo diretor de cinema alemão Werner Herzog. Por trás do impacto momentâneo que tal conjunção (uma verdadeira marmelada teutônica) pode provocar nos incautos, escondem-se a simulação e dissimulação cultural da iniciativa. Ora, vamos nós ter de engolir esse badulaque germânico, porque a direção do Municipal acredita que só pode cantar em alemão? Piada à parte, em que medida o cineasta poderá desenvolver um trabalho inovador que justifique a empreitada? Hoje, sabe-se que uma encenação operística é o resultado, cada vez mais, das concepções do encenador, ou da conjunção do trabalho do compositor vivo com o encenador.

Um nome respeitado, como o do cineasta alemão, passa a ser a credencial para a gesticulação. Na realidade, esse tipo de coreografia alimenta-se basicamente de conceitos do mercado de arte, como: fama, capacidade de penetrar na mídia impressa e eletrônica, bilheteria etc. Mas até que ponto isso tudo nos interessa? No caso em questão, vemos novamente a atração totêmica que a cultura alemã provoca em certa intelectualidade. Vamos nós, que não vivemos de totens mas de toques, ter que nos render a tamanho brucutu de peso e estatura que nos impingem com a incontinência da preguiça? As idéias e as pessoas estão fora de lugar. Vejamos. Pierre Boulez, que recriou a *Tetralogia* de Wagner ao lado de Patrice Chéreau, remagnetizou Wagner revelando novas possibilidades de sua obra que dialogam com a cultura de onde emergiu. Ele foi a Bayreuth, e lá, na meca, reintroduziu a obra de Wagner no campo magnético da cultura, em diálogo com um *agora*. "A história é o objeto de uma construção cujo lugar não é o tempo heterogêneo e vazio, mas um tempo saturado de agoras", escreveu Walter Benjamin.

Parece-me que a programação em música e ópera apresentada para essa temporada pelo Municipal é o atestado de uma incapacidade e mesmo indisposição para esse diálogo com os diferentes *agoras* da cidade e do país. Seremos, mais uma vez, espectadores passivos de mais uma incursão do "Fitzcarraldo", que nos coloca na posição de aborígines embasbacados com o *tremolo* de Caruso?

Se a cidade não participa com sua atividade criadora através de seus artistas na elaboração das mensagens a serem comunicadas para si própria, a atividade cultural se descola e se transforma numa linha de montagem da "velha indústria do belo", no dizer de Valéry. Se o Municipal vira as costas para a cidade, e como uma criança contrariada resmunga num cantinho não estar em Milão, Londres, Paris ou New York, essa criança sofre então de uma frustração e tanto. E esse sentimento não pode ser a baliza, e sua superação, o parâmetro para a atuação na cultura. São Paulo já há algum tempo não sofre de complexo de primeiro mundo, a própria realidade impôs essa consciência. Esse resistente batráquio mental pode, sim, ainda resistir num círculo (também chamado de "elite cultural", quem são?) de formação irrecuperavelmente colonizada, e que, para tal banzo, procura uma relação de imitação com seus modelos, procurando finalmente, na cultura, o repouso da consciência. "Nunca houve um monumento da cultura que não fosse também um monumento da barbárie", escreveu Benjamin.

É tempo de abandonar essa postura hipócrita de guardiões da cultura (como tradução de um elenco de posturas preestabelecidas e aceitas) civilizada afiançada ainda no questionável argumento da eficácia de mercado que orienta os investimentos de empresários culturais, ou *na* cultura, mas que não deve ser o parâmetro na esfera estatal, e que produz esses efeitos pirotécnicos como essa empreitada tristânica.

Encravado no centro nervoso da cidade, o Municipal deve se deixar contaminar pelo vento que sopra ao seu redor. Nesse centenário de Oswald, por exemplo, por que não montar a ópera *Alma* de Cláudio Santoro? Onde estão os compositores da cidade? Será o Municipal um "aeroporto" para atrações internacionais, mas sem "teto" para vôos locais? Se levanto essas questões é porque ainda resiste uma indignação do cidadão. E também porque, como dizia Oswald, "minha ingenuidade é das mais tenazes do mundo".

1990

II. OS SETE DIAS DE CRIAÇÃO DE STOCKHAUSEN NO RIO

A GÊNESE DO SOM

Eu sou elétrico por natureza. Música é o solo elétrico sobre o qual o espírito vive, pensa e inventa.
Ludwig van Beethoven

O compositor alemão Karlheinz Stockhausen é hoje uma referência básica na música do século XX. Da geração do pós-guerra, ele soube – num contexto sócio-cultural devastado – recolher os destroços de um momento histórico adverso e projetar suas idéias e atitudes para o futuro. Ao contrário da maioria dos compositores europeus do pósguerra, Stockhausen desenvolveu seu trabalho baseando-se menos em teorias e mais na prática, ou seja, conduzido pela manipulação do fenômeno sonoro.

A partir da obra de Anton Webern (1883-1945) – que radicalizou as experiências dodecafônicas –, Stockhausen e Pierre Boulez desenvolveram caminhos diferentes. Enquanto Boulez partia para uma pesquisa que se relacionava mais diretamente com a estruturação e construção do discurso sonoro (influenciado pelas idéias de Mallarmé sobre a circularidade e não-linearidade na estrutura poética), Stockhausen mergulhava os ouvidos na "melodia de timbres" weberniana, em busca de novos sons e timbres, que se transformassem em novas formulações para a matéria sonora. Essa diferença de *approach* determinou profundamente a linguagem musical dessa segunda metade do século; e a partir dela, ainda hoje, a linguagem musical se estrutura.

A diferença entre mim e Boulez é que os meus interesses se colocam geralmente de forma prospectiva, Deus sabe por quê. Prospectiva no sentido de que eu me coloco problemas que não podem ser resolvidos no momento, porque pertencem ao futuro, e precisaríamos de uma mudança completa na forma de ensinar os músicos e de construir e usar os novos instrumentos. Ao passo que Boulez é um homem mais prático[1].

A realidade é que Stockhausen é um músico, não apenas no sentido ocidental da palavra, mas num sentido que se aproxima ao do sacerdote budista, que faz da prática musical (sonora) uma atividade lastreada a uma visão filosófico-cosmogônica.

Após quase quarenta anos de atividade criativa, sua obra é hoje um dos retratos mais ricos da sociedade contemporânea. Sem se comprometer com ideologias excludentes e posições partidárias, a música de Stockhausen se projeta como um terreno fértil – justamente por esse caráter não excludente, que no fundo se origina de uma postura empírica frente à realidade físico-acústica do som –, instigando universos tão diferentes como o da música de concerto, da música funcional (trilhas sonoras de toda espécie, cinema, publicidade) e da música *pop*. Este último teve toda uma geração de músicos, dos Beatles do *Sergeant Pepper* até o Pink Floyd e Frank Zappa (que freqüentou os cursos de Darmstadt no início dos anos 60), sob seu impacto sonoro.

No decorrer da obra de Stockhausen são discutidos todos os problemas fundamentais da linguagem musical: a re-

---

1. COTT, Jonathan. *Stockhausen, Conversations with the Composer*, New York, Simon and Schuster, 1973, p. 93.

lação texto-som, a temporalidade, a estrutura microorgânica do som, as relações que se estabelecem entre criador-intérprete-receptor, os novos modos de produção musical. Stockhausen mergulhou na intrincada e infinita cadeia de inter-relações que envolvem o impulso criador. Antes de procurar saber que sons manipular, procurou a razão primária para o seu impulso de composição. E, nesse mergulho, pesquisou as diferentes motivações do ato criativo, como a catártica e a religiosa, com as quais travou contato em suas viagens ao Oriente (Ceilão, Índia e Japão). Motivada pelo desenvolvimento dos meios de comunicação e reprodução em escala mundial, a sua música busca a universalidade, e não uma manipulação regionalizante (baseada num exotismo) das diferentes informações e códigos musicais com que travou contato nesse período.

Tetralogia Moderna

A partir de 1977, inicia a composição de uma megaópera: *Licht, die Sieben Tage der Woche* (*Luz, os Sete Dias da Semana*). Ela se divide em uma ópera diferente para cada dia da semana. Para muita gente, esse trabalho é considerado a *Tetralogia* (referência a Richard Wagner) da música de hoje. Nesse conjunto de óperas estão colocados em cena a gênese e o ato criador como momentos epifânicos capitais no desenvolvimento da humanidade; no fundo a personagem principal da obra é o próprio ato de criar, o impulso.

E como "no princípio era o Verbo", Stockhausen reduz as palavras e o texto à sua função mais primária, em termos de materialidade. Essa utilização está em perfeita coerência com o percurso das formas de utilização de texto ao longo de sua obra. Podem-se identificar três fases principais na relação texto-som em suas peças: a primeira, onde o texto tem sua linearidade e significado semântico pulverizados por um tratamento "interno" na própria estrutura fônica, que corresponde às peças eletrônicas do primeiro período (como os *Hymnen* e o *Gesang der Jünglinge*) e *Stimmung* (1968) para solistas vocais; a segunda fase é aquela em que um tipo específico de texto (referencial, sugestivo) é a própria partitura e guia de realização. São peças indeterminadas como *Aus den Sieben Tagen*, 1968, onde as instruções são transmitidas através de textos do próprio compositor, que ora assumem a função de direcionamento prático da execução, ora de comentários filosóficos acerca da peça. A terceira fase é aquela que se inicia com o ciclo *Licht*.

O poeta Haroldo de Campos esteve em contato pessoal com Stockhausen no fim dos anos 50 e pôde constatar pessoalmente a preocupação que o compositor dispensava às estruturas textuais que procurava incorporar à sua música. Bem como a carência de criadores textuais interessantes na Alemanha, naquela época. Segue depoimento de Haroldo sobre seu encontro com Stockhausen:

Em 1959 fui a Colônia com o objetivo de conhecer o então jovem compositor Karlheinz Stockhausen, cujo *Gesang der Jünglinge* fora apresentado pela primeira vez, naquela mesma cidade, em 1956. Para mim era – e continua sendo – a obra-prima da música eletrônica, além de ter dado um tratamento ao material vocal integrado na composição que me parecia o mais radical e plenamente exitoso desde o *Pierrot Lunaire* (1912) de Schoenberg, onde surgira o *Sprechgesang* (canto falado).

O grupo Noigandres de São Paulo, que, juntamente com o suíço-boliviano Eugen Gomringer, havia lançado a poesia concreta em âmbito internacional, desenvolvera suas concepções poéticas em estreito contato com as propostas teóricas e práticas dos músicos pós-serialistas (seguidores do discípulo mais conseqüente de Schoenberg, Anton Webern). Em 1954, havíamos conhecido Pierre Boulez, que visitara São Paulo na condição de regente da companhia Jean-Louis Barrault/Madeleine Renaud. Entre 1954 e 1956, vivendo na Europa, Décio Pignatari aprofundara esse contato, participando das atividades do grupo ligado aos concertos Marigny (Domaine Musical), ocasião em que travou conhecimento com outros músicos (Cage, Varèse, Philippot). Por outro lado, em São Paulo, sempre estivéramos em relação com os músicos do Seminário Livre da Rua Sergipe, dirigido pelo pioneiro Koellreutter (Damiano Cozzella, Rogério Duprat, Diogo Pacheco, Vinholes, Júlio Medaglia). As primeiras partituras de oralização de poemas concretos já haviam sido elaboradas (foi num espetáculo comemorativo do primeiro aniversário do Ars Viva, dirigido por Diogo Pacheco, que o nome *poesia concreta* surgiu em público pela primeira vez, assinalando a apresentação vocal de três peças do *Poetamenos* de Augusto, ao lado de composições de Webern, Ernst Mahle e Cozzella). Eu estava, portanto, mais do que preparado para o encontro de Colônia.

De fato, fui recebido por Stockhausen no Estúdio Eletrônico da Rádio Alemã, dirigido por Herbert Eimert, em colaboração com o professor Meyer-Eppler, especialista em teoria da comunicação. Stockhausen fez-me ouvir o *Gesang* e outras composições da época. De minha parte, eu lhe havia mostrado os *Noigandres* 2 (1955), 3 (1956) e 4 (1958), com os poemas em cores de Augusto (que haviam também seduzido Boulez – na "Constelação" de sua *Troisième Sonate*, (1957), Boulez adotou as cores verde e vermelha para notar os percursos de execução possíveis (...); com os meus poemas em branco sobre negro (*O Âmago do Ômega*, 1955-1956); com os poemas-cartazes da *fase geométrica* de todo o grupo.

– Você é a primeira pessoa interessante que me aparece em meses! – reagiu Stockhausen. E me pôs em contato com seus colaboradores (Koenig, Kagel, Helms, Cardew). Disse-lhe do quanto me impressionara o *Gesang* e perguntei-lhe por que não trabalhava em colaboração com poetas (lembrando o nome de pioneiros como Kurt Schwitters e August Stramm, que haviam deixado um legado experimental na poesia alemã). Respondeu-me que ainda não havia encontrado o colaborador ideal (o poeta Helms, que freqüentava o estúdio, ele ainda não o considerava suficientemente amadurecido). Preferia então preparar ele mesmo os textos de que necessitava. Como no caso do *Gesang*: extraíra nove linhas do Apócrifo do *Livro de Daniel* e as montara, tratando-as de tal arte que a voz registrada passava do caos ao cosmo, ou seja, do ruído fonético ao significado fonológico. Em alguns momentos-ilhas nesse fluxo "estocástico-estatístico" surgiam então palavras como *Wind, den Herrn, Himmel, preiset* (vento, ao Senhor, céu, louva), cristalizando-se numa louvação ao Criador. O compositor gravara a voz de um único menino de doze anos para obter todos os sons do coro. O efeito de isomorfia resultante, com os sons produzidos eletronicamente e o estraçalhado contínuo vocal, era extraordinário. Mais tarde, numa conferência (*Musik und Grafik*) em Darmstadt (1959), Stockhausen se referia à poesia concreta brasileira.

Leis do Material

Os procedimentos eletrônicos de estúdio (inéditos naquele momento) manipulavam o material textual como mais um estímulo sonoro. Para Stockhausen, eles obedeciam às próprias leis do material: "O que uso é o próprio processo de mutação da natureza; de que, em última análise, se compõe a música. É a intermodulação que transforma uma coisa na outra. Não estou interessado em colagem[2]".

Esse é o procedimento básico nos *Hymnen*, que combina vários hinos nacionais processados eletronicamente, bem como outras fontes sonoras (sons gravados numa loja de porcelanas na China, por exemplo). Essas fontes são misturadas, ou melhor, "transubstanciadas", num processo de al-

---

2. *Idem*, p. 151.

quimia sonora que não se prende apenas à transformação semântica, mas à própria sonoridade. Os *Hymnen*[3], como observou Stockhausen, não se baseiam num procedimento de *collage*. (Aliás, o próprio Stockhausen, posteriormente, foi objeto de *collage* indireta pelos Beatles.) Antes de uma composição, *Hymnen* é decomposição. A peça manipula sons e não significados. É nesse ponto que ela salta à frente e radicaliza a pesquisa embrionária da música concreta de Pierre Schaeffer e Pierre Henry. Como um alquimista, Stockhausen separa o material musical de seu contorno semântico, sem no entanto – depois de sua manipulação – alijá-lo, já no resultado final, da riqueza de seus formantes.

Já no projeto *Licht*, das sete óperas, Stockhausen envolve o texto num plano físico-filosófico. Procurando dar um sentido ritual às palavras. Em *Donnerstag aus Licht* (*Quinta-Feira de Luz*) explica que

> o aspecto mais novo de *Donnerstag* não está ligado ao significado semântico do texto. No início, a informação é reduzida ao mínimo. Como o balbucio infantil: "ma...ma..." A mãe ensina a criança o nome dos dias da semana: *Mond* é lua; *Tag* é dia, *Montag* é "dia da lua". Buscando desde o princípio apresentar o significado e a etimologia das palavras simultaneamente no decorrer da ópera. Na primeira cena – "A Infância de Michael" – vê-se a mãe ensinando canto ao menino[4].

A partir de um universo textual baseado em fonemas e sílabas, os nomes como Michael, Luzifer e Eva são combinados "estocasticamente" entre si. Por exemplo, Micheva, Luzeva, Mondeva (Eva da Lua), "assim o significado secreto da palavra aflora ao nível da consciência e faz-se música"[5].

Essa relação extremamente próxima com o objeto e seu universo palpável, objetivo, é que torna possível, para Stockhausen, alcançar os planos mais subjetivos da comunicação.

É por isso que, ainda hoje, as pioneiras composições eletrônicas dos anos 50 permanecem como referência e pa-

---

3. Registrado em disco pela Deutsche Grammophon nº 139421/22.

4. TANNENBAUM, Mya. *Stockhausen – Intervista sul Genio Musicale*, Laterza, 1985, p. 95.

5. *Idem*, p. 96.

radigma para a música eletrônica e eletroacústica. Apesar dos poucos recursos disponíveis na época, elas demonstram, em plena era digitalizada, um frescor e uma consistência estrutural e sonora que fazem de Stockhausen o primeiro clássico "eletrônico" na história da música.

1988

Karlheinz Stockhausen (Foto de Américo Vermelho, Banco de Dados da *Folha de São Paulo*).

DIA UM

Dia um. Stockhausen fez soar o canto da iniciação do adolescente (*Canto do Adolescente*, peça eletrônica de 1956), que pôde ser ouvido com uma sonorização impecável. Nas peças apresentadas neste primeiro concerto, observam-se duas direções principais na criação atual do compositor alemão. Uma, dada pelo humor, explorado, mesmo que timidamente (*à la* germânica), no dueto de clarinete e trompete *Missão e Ascensão* e principalmente em *O Pequeno Arlequim* (iniciação ao *Arlequim*), que pegaram uma platéia ainda fria, no início do programa. A outra, e a meu ver mais incorporada ao trabalho, é uma fusão sonora onde Stockhausen, através do trompete de seu filho Markus, se aproxima das experiências que fundem *jazz*, improvisação e recursos eletrônicos.

Peças como *Entrada e Fórmula* e *Áries* (1977), para trompete e música eletrônica, poderiam muito bem ser apresentadas em festivais de *jazz* contemporâneo. Provocam empatia imediata com um público acostumado à música de um Anthony Braxton, Don Moye ou Roscoe Mitchell. Markus, um instrumentista que expande as possibilidades de seu instrumento, combina o fôlego épico de um Mahler com o toque intimista digno de Miles Davis.

O mais importante é que a música de Stockhausen sobrevive plena e independentemente das suas concepções místicas e filosóficas, abstratas e pessoais demais para uma conceituação. Toda a sua obra é resultado, primeiramente, de artesanato. Quando se vê um clarinetista pulando e correndo enquanto toca uma complicada melodia, não se imagina que na verdade cada passo é indicado com precisão pelo compositor, que estabelece um diálogo inseparável entre gesto e som.

Apesar da baixa temperatura no Rio e de várias cadeiras vazias na sala, o público presente ovacionou os músicos e o compositor, que pareceu satisfeito com o resultado da noite. É o que esperam também os organizadores, que estão tensos com as "idiossincrasias" do genial alemão.

1988

DIA DOIS

Dia dois. Alguma coisa nova está acontecendo com a música de Stockhausen, é como se estivesse realizando uma viagem a contrapelo, um retorno pela linguagem musical do século XX. Na bela definição de Júlio Bressane, foi uma noite dos "fragmentos de um discurso amoroso". A sombra de um passado musical expressionista parece voltar revigorada e estendida, mergulhando a música de Stockhausen num encontro com a escola de Viena e a música prédodecafônica de Schoenberg e Berg.

Fórmula de Sonhos, primeira peça do programa, combina Eric Dolphy – mestre do clarinete baixo – e o atonalismo, no melhor estilo do começo do século. Em *Dança na Ponta da Língua* foi possível "ouver" um fragmento do ciclo *Luz*. Com sintetizador, *piccolo*, eufônio (bombardino) e dançarino, Stockhausen abusou parodicamente do *bass line* típico da ópera do século passado. Pequenas células cromáticas que se repetem insistentemente fazem o contraponto com um magnífico dançarino que realiza a dança das fitas – que desembaraça de seu próprio corpo –, numa coreografia que combina a dança moderna com a contenção dramática do teatro japonês. A cena é um perfeito *pocket-kabuki*; nela a tensão musical se estabelece a partir do diálogo com a dança.

Markus-Michael reaparece em sua viagem, com a peça *Dança do Lábio Superior*, onde manipula um arsenal de surdinas diferentes para o seu trompete *piccolo*. Como o "anunciador", ela continua o desenvolvimento da peça do primeiro concerto expandindo a "fórmula de composição", que na medida em que se apresentam as peças de *Luz* tem se tornado mais clara e identificável. Essa "fórmula", que já não tem mais nenhuma relação com o serialismo, expande e retrai os eventos melódico-harmônicos em seqüências de tamanhos diferentes. É, no fundo, uma fórmula em permanente pulsação (referência ao pulsar do universo?). Na última peça do programa, *Zodíaco* (1975), composta por doze melodias que representam os signos do zodíaco, Stockhausen flerta acintosamente com o primeiro Berg e Stravinsky, através do "duelo amoroso" entre a flauta de Kathinka e o clarinete de Stephens, apartados por Markus ao trompete e piano.

Havia ainda menos público que na primeira noite, um absurdo que agora está contornado com ingressos disponíveis para estudantes. Outro absurdo é o Teatro Municipal de São Paulo ser inaugurado em clima de "jeca-set" e "jequitude" como costuma dizer Haroldo de Campos; enquanto o *sabá* carioca mergulha no *Sonho de Lúcifer* sob as ordens de satã.

1988

DIA TRÊS

Dia três. Stockhausen fez soar o canto do *Anjo Negro Mefistofláutico*, onde a flautista Kathinka Pasveer pôde brindar-nos com seu doce veneno repleto de gestos sensuais e um virtuosismo instrumental, que já não é apenas virtuosismo, mas satanismo musical. No final do espetáculo, o compositor subiu ao palco e com um beijo parcimonioso reconheceu a *performance* da instrumentista.

O programa iniciou-se com *O Sonho de Lúcifer*, para baixo e piano. Nessa peça, Lúcifer sonha a *Peça para Piano nº 13* (que é uma peça independente), reagindo à música mais com trejeitos cênicos que musicalmente. Afinal, o anjo torto está sonhando. A pianista Ellen Corver, um coelhinho assustado, é competente. Ao mesmo tempo em que desenvolve as peripécias sobre o teclado, percute sons no corpo do instrumento – e aí Stockhausen paga o seu tributo a John Cage, que já nos anos 40 compunha para o piano fechado, usando apenas os sons percussivos –, e com um guizo num dos punhos realiza evoluções até repousar o corpo sobre o teclado e o sonho luciférico. A encenação, precária e com poucos recursos, atrapalhou o resultado final, em que Lúcifer, um tanto "canastrão", pôde na linha vocal atestar mais uma vez o namoro do compositor com a música de Alban Berg, especialmente com *Wozzeck*.

A segunda parte do programa foi de treva luminosa. *O Canto de Kathinka do Réquiem de Lúcifer*, para flauta e música eletrônica, alcançou seus objetivos cênico-musicais e enviou Lúcifer para o mais profundo dos infernos. Kathinka, ao largo de um cenário com dois grandes relógios com exemplos musicais para cada hora, tocou as horas de luz e de treva. Assim como em *Áries*, já apresentada, a música eletrônica funcionou como um conjunto de sons longos, sobre a qual a flauta desenvolveu os elementos melódicos da "fórmula" do compositor.

A flautista esgueira-se pelos relógios, tocando blocos diferentes para cada hora. Around Midnight ela emite gritos e sussurros, combinados com efeitos no instrumento, completando o percurso em torno dos relógios e desaparecendo, em silêncio, num clima repleto de *anima*, pouco fúnebre, de alegria luciférica.

Enquanto nosso anjo caído levantava suas asas negras sobre a Lapa, São Paulo transformava o Teatro Municipal numa convenção de pingüins de geladeira, que fria...

1988

Kathinka Pasveer, Suzanne Stephens, Stockhausen e Markus Stockhausen (Foto de Homero Sérgio, Banco de Dados da *Folha de São Paulo*).

Suzanne Stephens e Markus Stockhausen (Foto de Homero Sérgio, Banco de Dados da *Folha de São Paulo*).

DIA QUATRO

Dia quatro. Ao contrário da noite anterior, em que a flautista Kathinka nos encantou com um complexo solo-cênico sobre fitas, a primeira peça deste programa, *Quatro Peças de Amor* (1974-1976), foi de uma insólita sobriedade. Combinando elementos melódicos impressionistas e politonais, Stockhausen elaborou uma peça que se utiliza da técnica tradicional do instrumento. A tigresa de ontem voltou na pele de um cordeiro.

Em certa medida, o "retorno" da escrita do compositor aos elementos musicais do início do século é resultado de uma forma de compor extremamente ligada aos recursos do instrumento e suas especificidades técnicas.

Em *O Círculo Semanal*, as *Sete Canções dos Dias* para clarinete contralto e sintetizador, e que faz parte da ópera *Segunda-Feira*, a fórmula composicional mais uma vez se desenvolve de forma a estabelecer verdadeiros *leitmotivs*, não relacionados a personagens, mas à própria escrita musical. Stockhausen esclarece que o ciclo de óperas *Luz* é composto sob uma fórmula musical, e não a partir de personagens ou situações cênicas.

À parte os poucos recursos cênicos a que já me referi anteriormente, na medida em que os concertos se desenvolvem fica mais evidente que o compositor encena a partitura; a escrita musical é no fundo a personagem principal e até onipresente. Quando, por exemplo, em meio a uma evolução cênica em que a clarinetista dança, ele determina que se explicite com um bater de braços o solfejo do ritmo que ela executa ao instrumento. E mesmo as marcações "coreográficas" – como passos, volteios – traduzem uma escrita relacionada mais à concepção geral da partitura do que propriamente a uma situação cênica.

Criando um contraponto com o verdadeiro estúdio simultâneo, que é a manipulação de *samplers*, foi apresentada *Telemusik*, música eletrônica. A peça, concebida no Japão, no estúdio da rádio NHK de Tóquio, é um liquidificador de referências e sonoridades, que tornam sua audição uma verdadeira experiência acústica. Stockhausen combina sons criados em estúdio com recortes sonoros de diferentes matizes, de forma a "intermodular" os elementos.

Finalizando a noite, *Ave* para clarinete e flauta. Onde o autor trabalha com escalas microtonais, desenvolvendo cênico-musicalmente a idéia do espelho e do eco, eva-ave, com execução impecável das instrumentistas.

1988

DIA CINCO

Dia cinco. Se a flautista Kathinka travestiu-se de tigresa em cordeiro no concerto anterior, agora foi a vez da pianista Ellen Corver dar o pulo-da-gata. A noite começou com as *Peças para Piano* nº 5, 7 e 8, com uma escrita ligada ao pontilhismo serialista, explorando também os sons harmônicos no piano. São músicas que, pelo extremo rigor de construção, resistem plenamente ao tempo. A *Peça para Piano* nº 14, composta recentemente, insere-se no "interno retorno" a que Stockhausen tem submetido sua linguagem musical. A escrita pianística se aproxima da obra de Olivier Messiaen, que foi seu professor de composição. Sonoridades contrastantes, tratadas de forma claramente timbrística, lembraram o misticismo católico de *Île de Feu* de Messiaen, por exemplo.

A pianista, que encerrou sua participação neste concerto, apresentou uma evolução muito grande. Ela foi capaz de transmitir perfeitamente os contrastes de escrita e concepção das diferentes *Klavierstücke*, que são parte fundamental no corpo da obra do compositor.

Em *Amizade*, em versão para trombone solo, composta em 1977, pode ser tocada por quase todos os instrumentos de sopro. É uma peça de estrutura modular, ou "formular", como quer Stockhausen. O solo divide a tessitura do instrumento em duas: aguda e grave. Quando toca na região aguda, ele se vira para a esquerda, realizando o movimento contrário quando busca a região grave. Stockhausen buscou uma sonoridade limpa, sem *vibrato*, que favoreceu a compreensão da combinação dos elementos de sua fórmula de composição.

A segunda parte do programa foi composta por duas peças retiradas da ópera *Quinta-Feira* do ciclo *Luz*. Em *Mondeva*, para tenor e clarinete contralto, a "Eva lunática" seduz Michael, revela a sua inclinação musical e desaparece. Seu figurino, uma meia lua encravada na cabeça, unhas longas e rabo dinossáurico, é germanicamente burlesco, isto é, mais ou menos burlesco. A música é o sujeito e o objeto da encenação. A parte vocal não apresentou a mesma riqueza timbrística da instrumental, apesar de o compositor procurar uma decupagem de cada fonema da palavra cantada. Em *Examen*, mais uma vez a escrita é onipresente. A excelente bailarina Michele Nairet coreografou a partitura, ou seja, buscou reproduzir, passo a passo, som a som, ritmo a ritmo, a estrutura musical. Quanto à encenação, dificilmente o músico alemão conseguiria um resultado mais burlesco do que aquele proporcionado em São Paulo pelo "jeca-trotter" Jânio e seus "blue-quepes".

1988

DIA SEIS

Dia seis. Foi a noite da dança do arlequim aritmético. Pela primeira vez na temporada, Karlheinz Stockhausen abriu um sorriso em público. Começou o espetáculo com uma breve introdução onde esclareceu aspectos musicais, com exemplos ao piano, relativos à idéia global de *Arlequim* (1975), a única peça do programa.

A composição escrita a partir de uma fórmula musical é mais um exemplo da tendência para o melódico em sua produção mais recente. Segundo ele, "toda música anterior à fórmula, em *Arlequim*, caminha em direção a ela, e a que vem depois dela espera, reclama por ela".

"Do caos sejam ecos caóticos", profetizava Sousândrade. Seja como for, Stockhausen fez questão de esclarecer que o seu caos-cosmos é resultado de muita matemática. Dissecando os formantes melódicos pertencentes à fórmula – composta por vinte e sete notas no total – e suas conexões, o compositor demonstrou que "cada seção conduz a diferentes caminhos, que envolvem mudanças de andamento, dinâmica e caráter". Essa mutabilidade e inter-relacionamento de elementos traduzem-se também nas proposições cênicas de cada seção: o Arlequim passa de "mensageiro encantado" para "construtor brincalhão", "lírico apaixonado", "professor pedante" e "dançarino apaixonado". Suzanne Stephens domina completamente o instrumento e a personagem. É uma arlequina que toca dançando e pulando, o que muito músico não toca colado na cadeira. O figurino, que obedece à tradição da *commedia dell'arte*, e a escrita cênica formaram um conjunto equilibrado, onde mais uma vez a escrita musical se fez tema e objeto das arlequinagens. Novamente Stockhausen estabeleceu um diálogo interno da música consigo próprio, com um resultado irresistível. Já conhecia a peça através de disco, onde a música sobrevive plenamente sem os recursos cênicos, mas a apresentação ao vivo revela a complexa simplicidade da obra em todos os seus aspectos. É uma música que requer um novo tipo de intérprete, capaz de oferecer múltiplos recursos, bem como uma cinturinha fina.

Stockhausen no sexto dia de sua gênese carioca espocou seu *exocet farsesco*, enquanto Sampa ficou a ver pavios.

1988

DIA SETE

Dia sete. Um leve *frisson* atravessou a Lapa, no Rio. Diz a lenda que Deus descansou no sétimo dia da criação; Karlheinz Stockhausen, não. Após um excelente ensaio matinal, o músico alemão estava seguro de um *grand finale*.

Ao contrário dos concertos anteriores, a platéia estava lotada. *XI* para flauta foi a primeira peça, interpretada por Kathinka Pasveer. *XI* é a letra grega para as grandezas desconhecidas. A peça explora escalas microtonais e "pode ser tocada por qualquer instrumento de sopro com chaves ou com válvulas, como também por sintetizadores com microescalas variáveis". A estrutura microtonal remete à música oriental, e uma escrita flutuante permitiu um resultado extremamente delicado e um desenvolvimento contínuo dos elementos melódicos. Kathinka sozinha no palco, sob um canhão de luz, estabeleceu a primeira suspensão de espírito da noite. Ficamos a um palmo do chão.

A Luta do Dragão e Argumento reuniu praticamente todo o elenco de músicos e dançarinos. Em *A Luta do Dragão* se estabelece o confronto direto Michael-Lúcifer, onde cada um deles é acompanhado por um duplo. Michael aparece sob a forma de dançarino e trompetista; Lúcifer, como cantor, dançarino (na pele do Dragão) e trombonista. A cena é comentada com distanciamento pelo sintetizador, pilotado por Simon Stockhausen que emite gritos de entusiasmo: "Hoh! Prr! O Diabo no centro da Terra!", lembrando o mote "diabolino" do nosso Guimarães Rosa. A batalha dura aproximadamente sete minutos. É a música mais instigante que ouvi nos últimos anos. Ela consegue combinar eficiência cênica com rigor de escrita e resultado sonoro. O trombone luciférico despenca no palco sapateando com roupa de *toreador* e, após os duros golpes do trompete na batalha, retira-se rastejante, emitindo espasmos graves numa *performance* memorável de Michel Svoboda. A cena é uma prova incontestável de que o teatro musical contemporâneo, em sua busca unificadora, é uma linguagem capaz de realizar uma síntese não redutora das diferentes linguagens artísticas. Ficamos a dois palmos do chão.

Argumento é a seqüência da *Luta do Dragão*. Nela – escrita sob a forma de um recitativo clássico, com o apoio de longos pedais no sintetizador e pontuada pelo trompete –, Lúcifer "dialoga" com Michael-cantor. "Mesmo no infortúnio provocas o riso. Já não és mais imortal, Lúcifer", diz Michael. No que responde o anjo caído: "Quantas viagens em volta do mundo Michael quer trombetear?" O tratamento jocoso aproxima-se em certa medida da auto-ironia do *Mon Faust* de Paul Valéry. Stockhausen aborda novamente a tradição do demo-bufo, mantendo uma tensão permanente entre o burlesco e o épico, este último reforçado pelo coro solene pré-gravado em fita. Ficamos a três palmos do chão.

A finalização com *A Despedida de Michael*, para cinco trompetes ao vivo e em fita magnética, é um intrincado contraponto onde se recupera a escrita polifônica do último Webern das *Cantatas*. A peça é também um canto de redenção da escrita musical, onde o dedo do compositor indica os caminhos, reinando absoluto. A extraordinária textura que combina os elementos da fórmula, fundindo melodia e harmonia, solo e conjunto, é uma resposta possível à *Pergunta sem Resposta*, composta na primeira metade do século por Charles Ives, que também utiliza o trompete como a "voz da interrogação". Michael retira-se lentamente, e com ele, a luz. Treva feita, ficamos perdidos no espaço.

"E, completada a sua obra, ele repousou." Depois, ao nível do mar, uma sensação de vazio tomava conta dos espíritos que acompanharam a gesta semanal. Acredito que Stockhausen partirá ainda surpreso com o extremo profissionalismo proporcionado pela equipe da Coordenadoria de Música do Museu de Arte Moderna e seu pessoal técnico, bem como pela verdadeira aclamação do público presente à Sala Cecília Meireles. "Bye Bye, Flying Deutschman."

1988

A ENCENAÇÃO DA PARTITURA

A escrita musical encontrou em Karlheinz Stockhausen a sua síntese contemporânea. Desde o início do século, as formas de escrever música têm-se alterado constantemente. Elas incorporam as novas grafias, sejam de tendências mais construtivistas, que procuravam a exatidão entre signo grafado e resultado sonoro, sejam as experiências mais abstratas ligadas ao Dadaísmo, *art-action, pop-art* e grafismos. Para o compositor John Cage, a escrita, ou a representação gráfica de um som, tem também um valor em si mesma como signo visual, e sua transformação em evento sonoro é uma outra etapa de leitura do signo, independente.

A escrita de Stockhausen busca a precisão. Ele domina a escrita tradicional de uma forma tão completa que é capaz de "escrever" uma improvisação. É como se já houvesse relacionado os principais gestos característicos da improvisação instrumental, a ponto de notá-los sem perda da sua fluidez inerente. Para o ouvinte, a impressão é a de que os músicos estão livres, improvisando...

Em boa parte de suas composições do período de 1975 até hoje, Stockhausen tem colocado diretamente na partitura as indicações referentes à encenação, coreografia e iluminação. Na realidade, são linguagens que, dentro do projeto de composição, são inseparáveis e se inter-relacionam na realização da obra. No entanto, ele não busca com a precisão de escrita apenas organizar os materiais de forma coerente. Faz questão de explicitar, por meio de um recurso antiilusionista, que as regras do jogo já estão traçadas pelo compositor, e este é o artífice único e onipresente da concepção artística. Isso ficou bastante claro nas apresentações de trechos de sua megaópera *Licht*. O projeto concebido para sete óperas diferentes, uma para cada dia da semana, não esconde um parentesco ou aproximação com o próprio processo de criação do mundo segundo a tradição judaico-cristã. Só que, neste caso, o Deus é o compositor, e o seu mundo é a escrita musical.

A personagem principal do ciclo *Licht* é a ação que determina a gênese do som através da escrita musical. Ele declarou recentemente que trata o som como "um ser humano, que se desenvolve e se transforma". Essa é a diferença básica em relação à escrita de outro grande compositor, Pierre Boulez, que também utiliza uma escrita que busca a precisão e que procura revelar as estruturas sonoras participantes de um jogo onde predominam a inteligência e o racionalismo.

Stockhausen é um homem-partitura. Sua produção mais recente tem absorvido as diversas tendências das músicas do planeta. Por um lado, construções harmônicas e melódicas que remetem a compositores como Stravinsky e Alban Berg, e por outro, escalas microtonais e timbres que pertencem a tradições musicais não-européias.

1988

STOCKHAUSEN: RIGOR, AMOR, HUMOR, FUROR

Haroldo de Campos

O conjunto articulado de concertos que o Museu de Arte Moderna do Rio de Janeiro fez apresentar na Sala Cecília Meireles, de 13 a 21 deste mês, permitiu-me reencontrar, pessoalmente, vinte e nove anos depois (visitei-o pela primeira e única vez em julho de 1959, em Colônia), o compositor Karlheinz Stockhausen. Juntamente com Pierre Boulez, seu companheiro de geração (Stockhausen faz sessenta anos no próximo dia 22 de agosto; Boulez completou sessenta e três no dia 26 de março), e com John Cage, o americano "mais-que-*sex-appeal*genário" (Oswald de Andrade certamente o classificaria assim), que perfará setenta e seis anos no dia 15 de setembro vindouro, o compositor de Colônia constitui a trindade máxima, em plena e inventiva produção, dentre os músicos da atualidade.

Quando, entre nós, talentosos compositores de vanguarda, da mesma geração de Boulez e Stockhausen, silenciaram (no caso mais respeitável), por não entenderam possível continuar fazendo música; ou capitularam (no menos), por equívocos pretextos stalinóides de engajamento ideológico, que se não conduziram à dignidade do silêncio, levavam à banalidade da trivialização, é um prazer poder constatar, na hora em que a *glasnost* da Era Gorbatchov começa a clarificar o campo das disputas culturais e permitir, na própria União Soviética, que se reabram os olhos e os ouvidos à arte de nosso tempo, o exemplo de fidelidade obstinada à criação que nos dá Stockhausen, na plenitude factivamente goethiana dos seus sessenta anos.

Com rigor, amor, humor e furor (quando necessário: por exemplo, para assegurar-se da perfeição dos resultados nos ensaios, seja quanto ao pleno rendimento dos equipamentos técnicos, seja quanto à pontualidade e exaustiva dedicação dos intérpretes), Stockhausen empenhou-se em apresentar ao público brasileiro sete concertos diferentes, integrados num todo harmonioso. Levou-os à culminação na quinta-feira, dia 21 de julho, quando foram executados, primeiro, a peça para flauta *XI* (interpretada eximamente por Kathinka Pasveer); a seguir, mais três composições: *A Luta do Dragão e Argumento*, para trompete, trombone, dois dançarinos, tenor, baixo, sintetizador e percussão; *Visão*, para tenor, trompete, dançarino, sintetizador e fita magnética; *Despedida de Michael* ou *Despedida da Quinta-Feira*, todas pertencentes ao ciclo operístico *Luz*, iniciado em 1977 (*Os Sete Dias da Semana*), sendo que a terceira delas numa versão para cinco trompetes em que apenas um intérprete, Markus Stockhausen, toca ao vivo, enquanto os outros instrumentos soam em registro eletrônico.

O que mais surpreende em Stockhausen é a capacidade com que ele conseguiu integrar o "estruturalismo" rigoroso de suas primeiras composições (as pós-webernianas *Klavierstücke* I-IV, peças para piano de 1952-1954); o controlado eletronismo do *Canto dos Adolescentes* (1956) – obra-prima do gênero, que continua resistindo ao tempo, com o mesmo ímpeto de novidade, como se pôde verificar no concerto de abertura (13 de julho); ambas essas fases concorrendo no sentido de um desdobramento que evoluiu paulatinamente para a revalorização do intérprete (percursos aleatórios, como na pioneira *Klavierstücke* XI, de 1956, não apresentada nos concertos do Rio) ou para a articulação dos sons instrumentais e da voz humana com os produzidos no estúdio eletrônico e, mais recentemente, com o sintetizador. Nesse desdobramento, o racional buscou imantar-se do mágico, o geométrico extravasou para o orgânico, o construtivo desconstruiu-se para dar espaço-tempo à paixão, sem perder, por nem mesmo um milímetro de som-segundo, a lucidez: racionalismo e sensibilidade, "tudo o que em mim sente está pensando", fernandopessoanamente falando... Daí a impressão fáustica, "mefistofáustica", que o conjunto desses concertos nos deixa. Não por acaso, surge neles o tema da luta entre o Arcanjo Miguel e o caído Anjo da Luz, Lúcifer, permeado pela presença de uma AVE-EVA, que ora é mãe, ora é mulher-amante, o "Eterno Feminino" de Goethe, a plurabela "Ana Livia" de Joyce, a "Anaflor" de Kurt Schwitters, uma ninfa-deusa lunar, como a que batizei AUREAMUSAARONDINAALÚVIA e celebrei como "náiade mondlúnio dos vocábulos-flauta", no meu *Ciropédia* ou *A Educação do Príncipe*, de 1952. Na era do "pós-tudo", Stockhausen rearticula todas as possibilidades de seu arsenal compositório, com ouvido crítico, mas sem perder o horizonte utópico, já que compõe uma ópera – uma GIGANTÓPERA plus-que-wagneriana – para o ano 2000... Quanto à encenação, se algum elemento da dança, dos figurinos, da representação ou da iluminação, nesta ou naquela ocasião (não no soberbo espetáculo final, aplaudido de pé pelo público), possa nos ter parecido rudimentar ou menos elaborado (se pensarmos na coreografia de um Merce Cunningham ou no que faz entre nós um inventivo e sofisticado diretor de teatro como Gerald Thomas), deve-se ter em mente aquilo que observou com olho certeiro Livio Tragtenberg: Stockhausen, todo o tempo, está encenando a partitura, está notando cenicamente a sua música, está transformando os intérpretes e dançarinos em corpos-partitura. Coreografemas partiturais...

Mas vamos à entrevista que o compositor concedeu a Livio Tragtenberg e a mim, na tarde de quinta-feira, 21 de julho.

1988

Foto de Américo Vermelho, Banco de Dados da *Folha de São Paulo*.

"NA GLÓRIA" OU NO (HOTEL) GLÓRIA

Comecei por recordar o nosso encontro em 1959 e a questão da relação texto poético e música. Stockhausen reafirmou-me o que dissera na ocasião, quando eu lhe evocara a existência de toda uma tradição criativa na poesia alemã, de Arno Holz e Morgenstern a Stramm e Kurt Schwitters. Por respeito à estrutura da poesia, que, segundo entende, não poderia ser prejudicada pela da composição musical (o que certamente aconteceria no caso da inadequação da estrutura de uma à da outra), preferia, ele próprio, preparar os textos de que necessitava. Tentara, por exemplo, sem êxito, trabalhar com poemas experimentais de Helmut Heissenbüttel. Observei-lhe que, não obstante, e apesar de ele não conferir valor autônomo ao resultado exclusivamente verbal de seu trabalho, os procedimentos usados (montagem de palavras, estruturas justapostas, variações fônicas – em textos como, por exemplo, os que circundam a mítica aparição da mulher-lua, MONDEVA) – lembravam desde logo Joyce ou Schwitters. Com alguma hesitação, acabou concordando, não sem frisar que a seleção do material fônico era sempre pensada em função do problema sonoro a resolver, não como valor em si mesmo. Quanto aos seus temas, eram situações paradigmais, do devir humano nos cosmos (pensei logo nos arquétipos do *Finnegans Wake*). Não tinha maiores preocupações com um enredo elaborado, de tipo conteudístico ou narrativo. Procurei deter-me sobre uma dessas personagens-paradigmas – por exemplo o "Arlequim" multifacético, encarnado pela clarinetista Suzanne Stephens, que executa o instrumento com virtuosismo, enquanto dança e faz mímica no palco. Stockhausen havia referido que se trata de uma personagem ora triste, ora alegre, capaz de enfeixar um grande número de caracteres volúveis, sem ter um caráter definido, mas sempre muito engenhosa, esperta. Mencionei-lhe o nosso *Macunaíma, trickster*, herói-malandro, "sem nenhum caráter", capaz de alegria e tristeza, de júbilo e desconsolo (referi que a nossa "rapsódia" andradiana, em tradução de Curt Meyer-Clason, havia sido, não faz muito, publicada em alemão). Interessou-se, tomou nota, lembrou outro caso paralelo: o de Till Eulenspiegel... Foi então que Lívio começou a fazer perguntas mais especificamente musicais e que o fotógrafo da *Folha* surgiu com um gravador, o que permitiu o registro subseqüente da conversa.

Livio Tragtenberg – Quando ensino contraponto, utilizo a sua composição *Arlequim* para clarinete, como um exemplo de contraponto "interno". Com apenas uma linha melódica, dividida em regiões, você estabelece um jogo polifônico, como num "monólogo a várias vozes".

Karlheinz Stockhausen – Sim. O melhor exemplo desse procedimento é *Traum-Formel*, que é dividida em cinco regiões. Você é capaz de ouvir diversos planos sonoros. É como outra peça tocada aqui no Rio, *XI* (para flauta), que basicamente é contrapontística. Nela, cada parte contém todo o material original da trama contrapontística das cinco partes.

Livio Tragtenberg – Uma outra questão interessante é sobre a construção da linha vocal em sua ópera *Licht*. Ouvimos vários exemplos de combinações entre a voz e os instrumentos ao longo dos concertos. Como você organiza a sua "fórmula" musical, através da qual se estrutura todo o trabalho – e a relaciona com o texto e as limitações naturais da voz humana, como a pequena extensão melódica?

Karlheinz Stockhausen – A "fórmula" em sua forma mais compacta adapta-se bem à extensão vocal. Sua microforma contém uma oitava mais uma sétima maior. Portanto, bastante cômoda para a prática vocal. (*Ele canta os intervalos da fórmula.*)

Livio Tragtenberg – Isso explica então a inesperada comodidade na parte dos cantores, ao contrário dos instrumentos, que são explorados além dos limites normais da técnica tradicional. Esse contraste é bastante claro. E até certo ponto a linha vocal é um dos elementos de contato com o acervo operístico moderno, principalmente com Alban Berg. Ela oferece aos ouvintes um ponto de conexão com a tradição vocal, ao contrário de sua escrita instrumental, que é nova para o mundo da ópera.

Karlheinz Stockhausen (*que prossegue cantando os intervalos da fórmula*) – O formante melódico de Lúcifer contém uma sétima menor, bastante comprimida, portanto, e facilmente cantável. Esses pequenos formantes constituem o núcleo da minha "fórmula" de composição. Depois, acrescento os sons percussivos (com a utilização do sopro e da respiração), ecos e improvisação sobre os elementos da "fórmula". (*Ele canta um formante e seu eco repetido várias vezes.*) Esse é o eco de Michael; um eco em notas desdobradas; Lúcifer tem um outro tipo de eco; Eva, ainda outro. (*Volta a cantar, agora um fragmento melódico espelhado sobre uma escala dissimulada, derivada da "fórmula".*) Quanto ao texto, na maioria dos casos, é sugerido pela importância das notas no desenvolvimento da "fórmula" e pelo timbre. Essas notas podem ser executadas por instrumentos, meios eletrônicos como sintetizadores, ou pela voz, que é o melhor sintetizador. Nos últimos anos, tenho desenvolvido junto a determinados instrumentos uma verdadeira escala de novos sons, em timbre ou mesmo em altura, que se incorporam ao uso e à prática dos instrumentistas. E quando escrevo, componho o texto, procuro otimizar em primeiro lugar suas qualidades fonéticas, de modo a codificá-lo para estabelecer uma relação objetiva com a "fórmula" musical. Escolho palavras que ofereçam as estruturas rítmicas de que necessito. No que respeita aos temas, é simples. Têm a ver com os dias. Por exemplo, segunda-feira. Imagine uma mulher que vai dar à luz uma criança, numa praia, cercada por outras mulheres que preparam essa gigantesca figura feminina para uma festa ritual, banhando-a, perfumando-a com ervas etc. Tudo gira em torno dessa Deusa-Mãe. (MONDEVA, LUNEVA; Segunda-Feira é MONDTAG em alemão, esclareça-se entre parênteses.) Nomes extraídos de várias culturas, palavras que se referem às ervas, aos perfumes, às variações da água. Todo o material fonético obedecendo às estruturas rítmicas predefinidas e adequando-se a elas.

Livio Tragtenberg – Através da "fórmula" é possível um desenvolvimento musical bastante claro, onde se reconhece a todo momento a presença de pelo menos um formante da "fórmula-matriz". E quanto a "motivos"?

Karlheinz Stockhausen – Nunca altero a "fórmula". Não trabalho com motivos e variações, como Beethoven ou outro compositor.

Livio Tragtenberg – A música se constrói sob a égide dos elementos da "fórmula". Não parece existir porém a divisão entre parte e todo, ou "desenvolvimento" no sentido tradicional da expressão.

Karlheinz Stockhausen – Mas esses elementos apresentam-se em diferentes formatos, comprimidos e estendidos. Inclusive no sentido vertical operam essas compressões e extensões.

Livio Tragtenberg – Como num campo magnético, onde as forças trocam energias e estabelecem relações entre si.

Karlheinz Stockhausen – Eu uso, inclusive, escalas intermediárias (sempre a partir da "fórmula"), para estabelecer pontes entre os elementos. Esse movimento de compressão e ampliação, aplico-o a todos os formantes: dinâmica, andamento, timbre etc. Procuro um desenvolvimento não-linear.

Livio Tragtenberg – É aí que encontro a principal diferença entre o seu procedimento e o da música serial, seja a dodecafônica, seja a do serialismo integral. Este último, inclusive, você o praticou nos anos 50. E quanto ao silêncio, que papel assume em seu universo sonoro?

Karlheinz Stockhausen – Ele é tão importante quanto o som. É a mensagem de Anton Webern. Que foi influenciado pela escola flamenga, saliente-se. É algo que está inserido numa antiga tradição. Algo que inclui desde a raga indiana, os motetes isorrítmicos que tratavam o silêncio à sua maneira particular, até Olivier Messiaen. A música de Webern se organiza sobre a fusão de um verdadeiro *positivo-negativo*, que combina som e silêncio. Em minhas composições, utilizo séries gradativas de silêncio, das quais lanço mão na medida de minhas necessidades.

Haroldo de Campos (*depois de uma digressão sobre a teoria goethiana da "imortalidade", consistente em se manter a "entelequia" permanentemente ativa*) – Projetando a finalização de sua ópera *Licht* para o próximo século, você assume uma atitude filosófica positiva, um projeto de vida que envolve uma utopia dotada de sentido "concreto" (como diria o filósofo marxista-católico Ernst Bloch).

Karlheinz Stockhausen – Exato. É porque eu entendo que o trabalho pessoal do artista é uma coisa. Mas a colaboração suprapessoal de algo que é necessário é bem diferente. Penso e sinto, desde há muito tempo, que certas coisas têm de ser feitas na música para propiciar a sua evolução. Cabe-me colaborar para isso. Não estou pensando em mim mesmo, exclusivamente, em minhas experiências pessoais. A música é uma mágica comunhão de várias disciplinas do espírito, como a astronomia, a matemática, por exemplo. Ela está em permanente gestação interna de seus elementos, em movimento constante. Independe de quem participe, um russo ou um americano, e do lugar onde aconteça. São coisas que têm de acontecer!

Haroldo de Campos – Como a pesquisa científica.

Karlheinz Stockhausen – Sim. Certas coisas devem acontecer em certos períodos do planeta. É uma questão de evolução cósmica, antes de tudo. Independe de nacionalidade, de quem sejam as pessoas que as realizam; ou ainda de condições políticas ou sociológicas de um determinado período. O processo cósmico é um processo de crescente conscientização. A música contribui para tornar clara essa consciência das mudanças que devem acontecer. Penso que essa é a minha contribuição histórica para o desenvolvimento humano.

Haroldo de Campos – A propósito, um grande compositor de sua geração, Pierre Boulez, seu amigo de muitos anos, você pensa que ele esteja participando dessa mesma atitude, de um modo ou de outro?

Karlheinz Stockhausen – Não, muito menos. No sentido de que sua obra não está contribuindo para uma razão metafísica, suprapessoal. Ele não está convencido disso, no plano manifesto de sua obra, ou se o está, é um segredo que não está disposto a admitir. Ele nega essa metafísica e a existência de um espírito universal, de um deus, de Deus. Por isso ele nega também o aspecto religioso da música. Religioso, quero dizer, num sentido supra-ortodoxo. Sua música é antes o veículo para o reconhecimento da inteligência no som.

Haroldo de Campos (*recordando a luta-desafio entre o baixo-Lúcifer e o tenor-Michael* em Drachenkampf, *a peça que se iria ouvir na mesma noite: disputa entre a inteligência luciferiana, irônica, e a fé triunfante do homem transubstanciado em anjo*) – É que ele está do lado de Lúcifer, a inteligência...

Karlheinz Stockhausen – Não inteiramente (*hesita*). Sim, mas isso não diz tudo. Além de estar convencido de que a música é um campo permanente da inteligência no som, ele acredita que seja também um meio de fazer a vida esteticamente mais bela. O que não deixa de ser algo importante, mas há esse aspecto de um aperfeiçoamento ambiental. Os franceses têm sempre esse pendor para o decorativo, em todos os sentidos... Em música particularmente, com muito poucas exceções...

Haroldo de Campos – Você sabe que Mallarmé concordaria com você quanto a essa questão (eu estava pensando no lado órfico, ocultista, ritualístico, do Mallarmé oficiante da liturgia laica do Livro).

Karlheinz Stockhausen — Sim. Mas Boulez crê que Mallarmé é seu avô e aí penso que haja um mal-entendido (...*risos*...). Ele crê que Rimbaud é também seu ancestral, um outro mal-entendido...

Haroldo de Campos — E quanto a Cage? Que me diz de John Cage?

Karlheinz Stockhausen — Cage não é um músico. Por isso é fácil para ele jogar. Ele é um grande jogador. É um homem que teve um sentido extremamente agudo para colher no ar o expressionismo abstrato em New York. Viveu no mesmo edifício com vários desses artistas, por anos, e teve uma percepção aguda do que estava ocorrendo, uma síntese entre o zen e o neo-anarquismo, o que tinha sentido para muitos intelectuais no mundo, e sua música resulta dessa síntese. Por um lado, um "não-engajamento"; por outro, um "anti-subjetivismo". Inclusive participei dessa tendência quase absolutista para um "objetivismo" integral. Na música, de um lado, o "não-envolvimento" da pessoa, de outro, o acaso, decidindo quanto às vibrações a ser produzidas pelos intérpretes. Ele tem um grande talento gráfico e conhece os parâmetros da música. Sabe o que deve ser feito para tornar a música um jogo, do tipo *do-it-yourself*, mas não é, a meu ver, um músico genuíno. Nunca fui tocado por uma qualidade musical especial no que ele faz.

Haroldo de Campos — E quanto às gerações jovens? Você se deparou com algum novo talento de compositor?

Karlheinz Stockhausen — Bem. Não tão jovem. Há Georg Höller, que pelo menos oferece uma qualidade musical genuína. Está nos seus quarenta anos. Mas é um momento impróprio para fazer-me esta pergunta, simplesmente porque não estou informado... Eu deveria ter ouvido muita música para poder fazer-lhe uma afirmação nesse sentido, mas tenho trabalhado como um louco no curso dos últimos dez anos.

Haroldo de Campos — Em Tóquio, você teve contato com novos compositores, ou apenas com a música tradicional (*lembrava-me de* Telemusik, *composição realizada em 1966 no estúdio eletrônico de uma rádio japonesa, ouvida no concerto de domingo, 17, na qual se misturam sons de* gagaku, *sons de teatro nô, música de templos budistas, com outros de diferente procedência, numa fusão ecumênica*). Fazem algo de novo?

Karlheinz Stockhausen – Sim (*menciona vários nomes*). Não que façam algo novo, mas têm um grande talento para adaptar rapidamente (*como na indústria*). Sobretudo souberam adaptar a influência francesa, Debussy, Ravel, Messiaen, com os elementos tradicionais japoneses, monofônicos. Mas não ouvi nenhuma composição que me surpreendesse.

INFORME DE SIRIUS
Haroldo de Campos

O fotógrafo pediu-nos que posássemos para algumas fotos. Stockhausen acedeu de boa vontade. A entrevista chegou a um termo natural. No dia seguinte, sexta-feira, às seis da tarde, numa palestra no auditório do Museu de Arte Moderna do Rio, o compositor, depois de pacientes explicações e reflexões técnicas, diria tranqüilamente que procedia de Sirius, o sol central de nosso universo. Criticando a arbitrariedade do signo lingüístico na teoria de Saussure, E. Benveniste recorreu a uma formulação que ficou famosa:

> Arbitrário, sim, mas somente sob o olhar impassível de Sirius, ou para aquele que se limita a comprovar, de fora, a ligação entre uma realidade objetiva e um comportamento humano...

Para Stockhausen, que crê na linguagem dos sonhos e que se acredita sob esse influxo estelar, na sua conduta e na sua missão de compositor, essa metáfora não teria sentido, porque nada seria arbitrário perante a mirada sideral de Sirius. Também não me importa se Fernando Pessoa se acreditava um executor de misteriosas instruções do além. Mais do que as opiniões de Stockhausen, que são sempre, no mínimo, estimulantes e fervorosamente expostas, ainda quando discordemos delas – e tanto eu como Lívio delas discrepamos no que respeita aos julgamentos personalíssimos que o compositor de *Licht* formulou sobre o luciferiano Boulez e o *zen*-anárquico, dulcíssimo, John Cage –, o que importa é o resultado compositivo. E no plano dos resultados, da música ouvida nesse *Séptuor de Concertos* com que nos brindou o Museu de Arte Moderna no Rio (sem que São Paulo tivesse tido a clarividência de tirar partido da presença do compositor, trazendo-o e a sua equipe para alguma apresentação na Paulicéia, assim lamentavelmente negligenciada), Stockhausen, venha de Sirius ou simplesmente de Colônia, nos deu uma soberba demonstração de precisão, competência e beleza.

1988

III. MÚSICOS EM AÇÃO

WALTER FRANCO: REVÓLVER

"Apesar de tudo muito leve", cantava esse paulista de formação universitária, em plena época da barra pesada. A sabedoria de Walter Franco está reunida no *Revólver* e no seu precursor, o enigmático "disco da mosca" de 1973, que contém as antológicas *Me Deixe Mudo* e *Cabeça* (defendida por ele, grande campeão de vaias, no último Festival Internacional da Canção da televisão Globo). Os dois discos são fundamentais, mas foi *Revólver* que antecedeu e indicou direções mais atuais – ainda – para a música popular brasileira, graças ao tratamento mais "roqueiro" (arranjos eletrificados, uso de efeitos e outros recursos de estúdio), dado às suas composições.

Como um trovador extraviado da geléia geral da Tropicália, ele cria miniaturas, paisagens sonoras independentes entre si, dando corpo a um trabalho extremamente rico na combinação de poesia e música (os arranjos ficaram a cargo do baixista Rodolpho Grani Jr.). No fundo, a concepção entre palavra e som na música de Walter Franco é indissolúvel e indivisível. Ele trabalha o ritmo da palavra, desdobrando-a com pausas curtas e respirações alongadas, criando novos sentidos a partir de frases breves, como a lancinante *Apesar de Tudo é Muito Leve*.

Walter já tinha evoluído muito além da letra colegial-adolescente, que domina o *rock* dos 80. *Nothing* é um exemplo da construção complexa que faz a partir de elementos extremamente simples:

> Nothing to see
> Nothing to do
> Nothing today
> About me
> I am not happy now
> I am not sad

Junto com *Feito Gente* – ambas deste *long-play* – e *Canalha* (de 1979), formam o tríptico *pré-punk*, anos antes do retardatário *punk* tupiniquim.

A poesia de Walter evoluiu em duas direções: uma decorrente da influência da filosofia oriental e outra, que aborda a agressividade urbana. Da primeira, herdou a utilização da forma mântrica-circular da frase sobre si mesma, ou ainda que se revela por etapas, palavra por palavra. Como em *Mamãe D'Água*: o verso "Yara eu" vai sendo acrescido de palavras até formar a frase "Yara eu te amo muito mais agora é tarde eu vou dormir". Ou no famoso *haicai* caleidoscópico de *Eternamente*:

> Eternamente
> É ter na mente
> Éter na mente
> Eterna mente
> Eternamente

Como se vê, novos significados vão surgindo a cada novo desmembramento da palavra. É um procedimento em sintonia com a poesia moderna, em especial, pelos minimalistas americanos e a poesia concreta, como Gertrude Stein, e.e. cummings; no teatro, em Robert Wilson, e na poesia de Augusto de Campos.

Na concepção musical do *long-play*, tentou-se esgotar as possibilidades de um estúdio de dezesseis canais, com a utilização de *play-backs* em sentido contrário, saturação de freqüências e pré-mixagens. A complexidade do trabalho desenvolvido com a sonoridade da bateria – com o uso de filtros e distorções – o levou a utilizar, nos *shows*, dois bateristas. A combinação dos instrumentos acústicos – principalmente os tambores e tumbadoras que reforçam o clima tribal-meditativo de algumas letras – com os teclados e guitarras, sintetiza as boas influências da música contemporânea e do *rock*.

Os últimos vinte anos de música popular no Brasil atestam que *Revólver* não perdeu sua atualidade. Continua pulsando de idéias novas, até para a era digital. O percurso posterior de Walter Franco seguiu outras direções, principalmente o caminho das baladas meditativas. Mas de quem elaborou dois *long-plays* de tamanha criatividade e inteligência, pode-se esperar sempre novas surpresas. Por enquanto, a Continental Discos bem que poderia relançar *Revólver** (já chegou a ser relançado em 1979, mas é muito difícil encontrá-lo hoje nas lojas) e o "disco da mosca" (também conhecido como *Ou Não*), que está igualmente fora de catálogo e é outra pérola da música popular brasileira.

1988

---

* *Revólver* foi relançado em 1988, e os discos *Respire Fundo* (1978) e *Vela Aberta* (1980) foram relançados em 1989 pela Baratos Afins Discos.

MONGE THELONIOUS MONK

Thelonious Sphere Monk é um caso único da história da música americana deste século. Compositor e pianista radical que levou às últimas conseqüências a busca de um caminho próprio para sua expressão musical. Da mesma forma que Charlie Parker, Charles Mingus e Ornette Coleman também escreveram o capítulo da ruptura na estrutura tradicional do *jazz*.

Monk teve seu primeiro contato com a música através da mãe, que cantava na igreja, onde ainda garoto chegou a tocar órgão e cantar. Após um curto período de aprendizado sistemático de piano, organiza seu primeiro grupo em 1939, para tocar em *night-clubs*. Com o passar do tempo, essa atividade possibilitou que tocasse ao lado de Mingus, Coleman Hawkins, Dizzy Gillespie e Charlie Parker.

A partir dos anos 50, sua música ganha espaço e, após uma turnê pela Europa, Thelonious começa a ser reconhecido como compositor e pianista inovador do mundo do *jazz*. É nesses anos que sua carreira está no ápice, entrando nos anos 60, em que realiza um concerto histórico na Concertgebouw em Amsterdam; na década de 70 Thelonious se recolhe – um traço marcante em sua complexa personalidade –, abandonando qualquer atividade (inclusive musical), "exilando-se" na mansão da Baronesa de Koenigswarter, amiga e protetora que o acompanhou nos últimos vinte anos. Thelonious Sphere Monk (Monge) se fecha em seu mundo, através de uma espécie de "autismo" consciente, que o levou ao silêncio até falecer, em 16 de fevereiro de 1982, aos sessenta e quatro anos.

A música de Monk é a expressão de sua personalidade, por isso sua técnica é inseparável de sua linguagem musical. Foi acusado de pouca técnica pianística e idéias musicais confusas. Mas hoje já se sabe que o estilo monkiano de tocar piano é uma parte de um sistema, de um código próprio, extremamente coerente, um sistema pessoal difícil de penetrar devido à sua inteligência introspectiva. Sua música se realiza plenamente ao piano, seu mensageiro natural, e por isso algumas tentativas de orquestrações para grandes conjuntos não derem certo porque esses arranjos geralmente ferem os princípios de espacialidade e integração harmonia-melodia da música de Monk. O piano traduz perfeitamente o *mood* e a *sphere* do sofrido egocentrismo de Thelonious.

Os temas de Monk não seguem a linha dos *standards* de canções e dos temas instrumentais do *bebop*. A construção musical dos temas obedecem a leis próprias, pois não existe uma fórmula única: cada música contém um universo próprio. Seu desenvolvimento lógico não é linear, e muitas vezes não obedece à forma A – B – A' da canção. O fraseado monkiano é imprevisível e desigual, em sua música harmonia não significa acompanhamento e melodia, voz principal; elas são inseparáveis; e quanto ao desenvolvimento, Thelonious está longe da técnica decorativa e compulsiva – virtuosística – (baseada na técnica de variação do século XVIII) – do *bebop*, ele faz uso das relações musicais com um número mínimo de notas.

A harmonia de Monk é cubista, não contém um único ponto de atração. É levemente desfocada e distorcida através de pequenas alterações harmônicas, como o uso sistemático da nona menor num acorde maior com sétima menor e da décima primeira aumentada. Esse tipo de "choque" harmônico é típico em Monk. Ainda o corte assimétrico do fraseado – pontuado por pausas inesperadas – que são típicas de um estilo de improvisação do *ragtime* e do *dixieland*. Soma-se a isso um senso de espacialidade em relação ao teclado, e os pequenos *clusters* de segunda que pipocam no universo monkiano (*those frozem notes*), que demonstram a inexistência de um pensamento polifônico clássico em sua música.

Improvisando ao piano, Monk deixa claro o seu estilo não-linear onde as frases se chocam e se fundem, abandonando os tradicionais *chorus* 4/4 e devolvendo à inteligência e à surpresa um campo dominado pelo virtuosismo repetitivo. Ao tocar Thelonious, o intérprete experimenta uma sensação de "claustrofobia" e tensão constante em relação ao teclado. Sintomas do mundo enclausurado e solitário do monge Monk.

através de pequenas alterações harmônicas, como o riff, às vezes mais maior, mas à vezes maior com sétima menor. Esta é uma música apressada. Este tipo de "echo" que, harmônico é típico em Monk, ainda é com a semicolcheia do trecho... — portanto por frases inesperadas — que são típicas de um estilo de improvisação divergente e de estrutura. Soma-se a isso um senso de excentricidade e no relógio abrolham e os pequenos clusters de segunda que parecem no universo monkiano (meio chopinoliano), que denunciam a existência de um pensamento polifônico clássico em sua música.

Improvisando ao piano, Monk deixa claro o seu estilo não-linear: todas as frases se encaixam e se fundem, alternando os tão sonoros do riff A/4 e o seu "ovo" A/alto, Richt e a surpresa, um campo dominado pelo contorno melódico rev-ativo. Ao tocar Thelonious, o intérprete expressa uma sensação de "desprendido", e então constante em relação ao pedal. Sempre demorando o encadeamento e a solidão do enigma Monk.

O TROMPETE EVOLUTIVO DE MILES DAVIS

> *Os muitos estágios da música americana colocaram o uso da melodia, na música social e comercial, sob a mira de uma arma. Qualquer entendido sabe que, hoje em dia, rock, clássico, folk e jazz são nomenclaturas ultrapassadas. Sinto que o mundo da música está se fechando em torno de uma expressão singular, com histórias musicais não delimitadas, da humanidade.*
>
> Ornette Coleman, 1977

Miles Davis, quase sexagenário (nasceu em 1926, nos Estados Unidos), acaba de lançar um disco que é dinamite pura para os "puros ouvidos dos *jazz-puristas*". A crítica "especializada" também não vem gostando. Sobre isso, Miles declarou nos anos 50: "Escreva apenas sobre música, quer você goste dela ou não. Escreva o que sabe ou escreva o que você não sabe, como todos os outros". Ele tem consciência, como poucos músicos, do mundo mercantil que faz o *show-bizz* e o mundo do disco acontecer. Agora é ilusão achar que, em algum momento, Miles Davis agiu senão pela sua cabeça, pela sua música.

A notícia de que Davis havia gravado uma canção que é sucesso na voz de Michael Jackson e outro *hit* de Cyndi Lauper aguçou os espíritos, afinal um prato cheio para os críticos da última fase de Miles, que já não tem nada a ver com o conceito tradicional de *jazz*.

Mas a cada faixa, ele vai desmontando a couraça dos sisudos *chatos-jazz*, demonstrando que o seu sopro está perfeito como sempre. Quanto à canção-sucesso de Jackson é uma das mais belas faixas do disco. Não é a primeira vez que Miles grava um sucesso de *hit parade*. Lembre-se de *Autumn Leaves*, de Prevért, gravada há uns vinte anos. Essa canção era considerada o máximo de *kitsch* e chatice, mas na interpretação de Davis, ela passa a existir, e hoje é um clássico *standard* do repertório. Na época houve críticas, como hoje.

O trompete de Davis vem atravessando as mais diversas fases da música americana. Desde 1945, quando realizou as primeiras sessões com Charlie Parker, enquanto estudava na Juilliard School em New York, até 1969 quando lançou *Bitches Brew (Putas Reluzentes)*, o *bebop* teve seu auge; foi um dos criadores do *cool jazz*. O *free jazz* apareceu com Ornette Coleman, Charles Mingus contribuiu com sua *fusion* e a busca da raiz negra, o *rock'n'roll* de Little Richard e Elvis, o *rock* de Grateful Dead, Janis Joplin e Jimmy Hendrix que Miles mais admirava no *rock*, e foi um dos únicos músicos de *jazz* a ir ao seu enterro. Mas o percurso de Miles tem como única constante a inconstância. De *Sketches of Spain*, com os insuperáveis arranjos de Gil Evans ao psicodélico e elétrico *Bitches Brew*, fica evidente que ele nunca se preocupou com a linguagem musical como estilo. As direções de sua música são múltiplas e nem sempre coerentes para a cabeça do crítico (mas, para os músicos e ouvintes, Miles e seu trompete sempre valem pelo prazer de se ouvir).

Miles Davis não perde pós-tempo com pós-papo-furado. Seu som atual é balançado e dançante, torna a maioria dos grupos atuais *defunkt*. A banda é composta de músicos jovens que o acompanham há alguns anos e que não têm nenhuma herança da linguagem do *jazz* tradicional. Com o grupo, Miles transita entre o *funk* e a canção com muito humor, como na melhor faixa do disco, *One Phone Call/Street Scenes*, em que Miles usa a sua rouquidão (depois de uma operação na garganta ganhou no grito um cachê de um empresário, nos tempos heróicos da Rua 52) como *voz de policial*. Participa desta faixa o cantor Sting, como policial francês; um porto-riquenho (?): *Yo Vine de Miami e Este es Parte de mi Religión e no me Diga que me Cale*, e ainda um policial polonês. John Mclaughlin também participa de duas faixas, sem grande destaque. *Medley: Jean-Pierre/You're under Arrest/Then There Were None* lembra as mixagens psicodélicas do *rock* dos anos 60; e, ao final, uma mensagem sussurrada, para ser decodificada. O disco, no todo, não tem a mesma unidade e força do anterior *Decoy* (1984) (isca, chamariz); e a capa já demonstra a expectativa de Miles com a crítica: ao invés de estar munido de seu trompete, empunha uma metralhadora, fazendo cara de mau. Mas no disco encontra-se um trompete bem mais dócil, longe dos tempos da metralhadora giratória de *Bitches Brew*.

É dispensável dizer que o nível de execução e sonoridade é excepcional, como sempre. Miles não *vibrou* nada. Seu primeiro professor de trompete o havia proibido de tocar *vibrato*. Ele disse: "Você vai ficar velho e começar a tremer de qualquer maneira". Aos cinqüenta e nove anos, Miles não começou a tremer e muito menos ficou velho.

1985

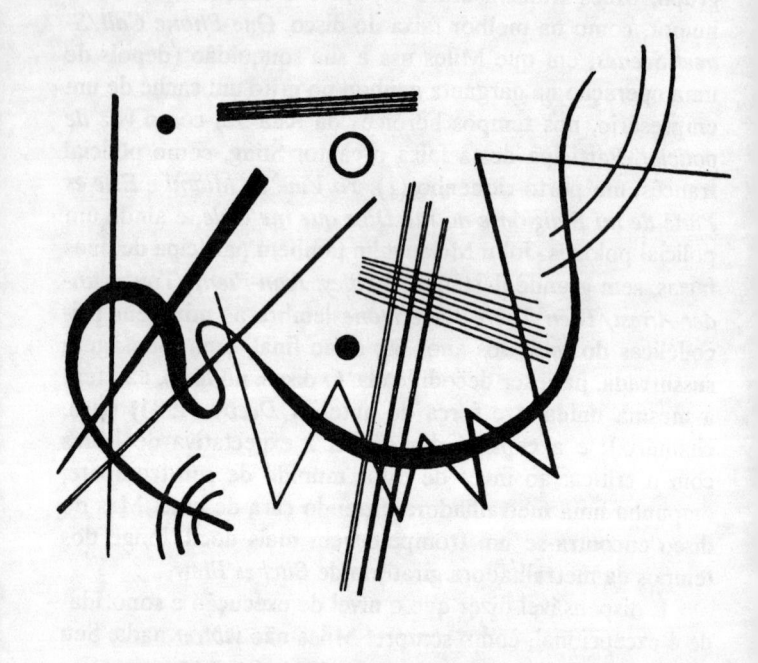

W. KANDINSKY. Linha ondulada acompanhada por linhas geométricas.

O EXTRAORDINÁRIO ENCONTRO DE SCHOENBERG E KANDINSKY

Ao contrário do que se poderia imaginar, foi a música de Arnold Schoenberg que atraiu o pintor Vassily Kandinsky, e não sua pintura. Após uma audição em 1911 de peças de Schoenberg, Kandinsky resolveu endereçar-lhe a primeira de uma série de cartas. O "encontro extraordinário" entre esses dois criadores está registrado em cartas, escritos críticos e documentados, reunidos no volume *Cartas, Cuadros y Documentos de un Encuentro Extraordinario*, publicado em espanhol, em 1980, e agora à disposição nas livrarias brasileiras.

Tanto Schoenberg como Kandinsky encontraram-se num momento crucial no desenvolvimento do trabalho de ambos. Schoenberg buscava radicalizar o cromatismo wagneriano e as fórmulas melódico-harmônicas do tonalismo; Kandinsky procurava se libertar da representação imagética que preservava ainda recursos ilusionistas, como a perspectiva, por exemplo.

Nessa época, a música de Schoenberg exprimia, além das novas combinações de acordes, uma intensa preocupação com o timbre, a cor do som, em composições como as Três Peças para Piano, os *Gurrelieder*, e principalmente em *Die glückliche Hand* (*A Mão Feliz*) (1910-1913), onde Schoenberg explicita exaustivamente na partitura as indicações de cenário, disposição cênica, luz e figurinos, desenhados por ele próprio. Schoenberg justifica a necessidade de precisão na realização de suas indicações, dessa forma: "Se o espectador, colocado frente a um hieróglifo, tem que se perguntar o que isto significa, deixará de ouvir uma parte da música". O livro traz o libreto do monodrama, e, ainda, o texto *Instruções de Direção para "Die glückliche Hand"*, onde Schoenberg esclarece que a obra trata sobretudo de "um jogo de luzes e cores".

Alguns biógrafos, como Luigi Rognoni[1], indicam o ano de 1907 para o encontro entre os dois artistas, mas a data mais plausível, que inclusive é sustentada por J. Hahl-Koch em ensaio crítico também presente no livro, é de 1911.

O período intenso de correspondência estendeu-se entre os anos de 1911 e 1914. Nesse período, Schoenberg compôs o monodrama *Die glückliche Hand*, já citado, as três peças para piano e o ciclo *Pierrot Lunaire*. Kandinsky trabalhava nas *Improvisações*, que, segundo ele, são "uma expressão predominantemente inconsciente e espontânea de caráter íntimo e de natureza não-material (isto é, espiritual)". Impossível não estabelecer um paralelo com a produção schoenberguiana do período, onde a "anarquia" tonal (que explodia num discurso considerado "irracional" na época) combinava-se com uma certa imaterialidade de emoções e situações como em *Erwartung* (*A Espera*).

Numa carta de 22 de agosto de 1912, um ano após a publicação do *Harmonielehre* de Schoenberg, Kandinsky falava sobre os meios que permitiriam "a construção sobre o princípio da dissonância", que uma década depois seriam

---

1. *La Scuola Musicale di Vienna*, G. Einaudi, 1966.

claramente expostos no livro *Ponto, Linha e Plano*. Ambos estavam em guerra com a linguagem do passado, sem contudo poder, ainda, visualizar o futuro dodecafônico para Schoenberg; e o futuro construtivista para Kandinsky. A libertação da harmonia tonal significava uma espécie de "depuração" do material sonoro em si, que mergulhava em novas possibilidades. Da mesma forma, as linhas e as cores, livres da necessidade de representar, poderiam assumir suas formas gráfico-simbólicas básicas.

Kandinsky foi o primeiro pintor e artista que Schoenberg respeitava a reconhecer sua produção pictórica. Convidou, ainda, Schoenberg para participar da revista *Der blauer Reiter*. Em artigo que fazia parte de uma publicação em homenagem a Schoenberg, Kandinsky escreveu:

> Schoenberg renuncia em sua pintura ao supérfluo (ou seja, ao nocivo), dirigindo-se diretamente ao essencial (ou seja, ao necessário). Abandonando todos os "embelezamentos" e finezas da pintura.

No entanto, a pintura de Schoenberg, como a sua música, foi alvo de intensos ataques dos meios artísticos acadêmicos do começo do século. Nos anos 60, realizou-se na Europa uma ampla exposição retrospectiva onde seus quadros obtiveram o devido reconhecimento, ao lado de obras de Kokoschka e importantes representantes do Expressionismo alemão.

Nesse período, a curiosidade de artistas de diversas áreas voltou-se para as possibilidades da encenação dramática, campo onde era possível combinar as diferentes linguagens. Kandinsky escreveu a "composição cênica", *Der gelbe Klang* (*O Som Amarelo*) – recriado em 1982 no Museu Guggenheim, onde eram incorporadas as novas linguagens de dança e teatro –, com música de T. von Hartmann. Sobre essa experiência, ele escreveu: "No fundo, esses meios (som, cor, palavra) são exatamente iguais, a meta final anula as diferenças exteriores e revela a identidade interna". Descreve, ainda, os três elementos que servem como recursos externos ao *valor interno*:

1. O som musical e seu movimento. 2. O som corporal-espiritual e

seu movimento, expressado por pessoas e objetos. 3. O som colorista e seu movimento (uma possibilidade específica da cena).

Ele procurava uma forma em que fosse possível extrair o essencial do drama, da ópera e do balé, de modo que cada linguagem desenvolvesse suas potencialidades de forma independente, ligadas apenas pelos aspectos de sua essência material.

Com a eclosão da Primeira Guerra Mundial em agosto de 1914, Kandinsky retorna a Moscou, e a correspondência entre ambos fica interrompida. Após sete anos afastado do Ocidente, ele retorna a Berlim para trabalhar junto a Walter Gropius, como professor de pintura, na Bauhaus. Foi nessa época, mais precisamente em 1926, que escreveu *Punkt und Linie zu Fläche* (*Ponto, Linha e Plano*), apenas dois anos após a primeira peça dodecafônica de Schoenberg, o *Quinteto de Sopros* op. 26. Nesse livro, Kandinsky serve-se de exemplos da linguagem musical para estabelecer os parâmetros "para uma gramática das formas", chegando a falar em "sonoridade das linhas". Por seu lado, Schoenberg também tratava de criar a técnica dos doze sons, que abalava na raiz pelo menos trezentos anos de linguagem musical. No entanto, pode-se dizer que foi o compositor Anton Webern que chegou mais próximo do construtivismo representado entre outros por Kandinsky, levando às últimas conseqüências – mesmo hoje, para o ouvido eletrônico – a proximidade entre linguagem e materialidade do som.

Apesar da extrema consonância de idéias, a relação teve os seus percalços. Chegou aos ouvidos de Schoenberg o comentário de que Kandinsky teria assumido posturas anti-semitas. Foi Alma Mahler, naquele momento esposa de Gropius, quem se encarregara de espalhar o boato. Uma troca de cartas foi o bastante para que se desfizesse o mal-entendido, que no entanto foi responsável por um abalo desagradável na relação dos dois artistas. Kandinsky arrematava em sua carta: "Não é grande sorte ser judeu, russo, alemão, europeu. Melhor ser homem. Mas deveríamos aspirar a ser super-homens".

A última troca de correspondência data de julho de 1936, época em que Schoenberg já havia se instalado na Califórnia e Kandinsky morava em Paris. Kandinsky já havia estabelecido novos parâmetros, que, segundo o crítico de arte Herbert Read, influenciaram a arte moderna em dois sentidos: "As *Improvisações* de Kandinsky são as precursoras da arte informal moderna (de 1945 em diante.); as *Composições* são as precursoras da arte construtivista". Por seu lado, Schoenberg retomava a linguagem tonal, estendida (baseada nas regiões tonais), e a experiência lírica, desta vez com textos ligados à temática judaica como *Kol Nidre, Um Sobrevivente de Varsóvia, Moses und Aron* e *Die Jakobleister*.

Não resta dúvida de que o período mais intenso de correspondência entre ambos corresponde a uma fase de transição, não apenas no trabalho individual, mas na própria história da arte. Era necessário retomar a essência do material, após um século XIX pleno de conteúdos, que saturaram de significados simbólicos os procedimentos técnicos, tornando difícil a invenção, sem uma alteração básica na linguagem. E o desejo de um reencontro com a essência do material é que levou ambos a procurar a decomposição dos elementos até sua partícula mais elementar e básica. Essa decomposição encontrava paralelo também na desconstrução da gramática na poesia, e da narrativa no romance moderno.

Schoenberg e Kandinsky são referências básicas na arte contemporânea. A leitura dos textos e da correspondência constantes no livro remete-nos a um período em que a arte moderna era uma possibilidade, uma meta. As questões levantadas não são apenas de ordem técnico-estéticas, mas filosóficas. A geometrização da pintura e o uso não-reiterativo das cores no quadro, de forma a criar pulsações não centralizadas na percepção do observador, revelam influências da linguagem gráfica e podem ser comparados ao princípio matemático e descentralizado da série dodecafônica.

A atividade pictórica de Schoenberg pode também ser comparada à atividade dramática de Kandinsky, no sentido de que ambas foram realizações paralelas à atividade principal de ambos, e fruto de um período de transição e modificações profundas. Em 1950, Schoenberg diria que, como pintor, era um "amador". Apesar disso, esse interesse paralelo influenciou de certa forma a produção musical de

Schoenberg nesse período, e, em relação a Kandinsky, tornou possível desenvolver com mais desenvoltura sua atividade como cenógrafo, como nos cenários geniais para *Os Quadros de uma Exposição*, de Mussorgski (1928).

A edição espanhola manteve a mesma qualidade nas reproduções em cores da edição inglesa e apresenta uma tradução fluente e clara. Portanto, um livro recomendável para os "amadores" de espírito e "não-especialistas" de profissão.

1988

DIÁLOGOS COM STRAVINSKY

Existe uma diferença básica entre a música de Igor Stravinsky e a de Arnold Schoenberg, Alban Berg e Anton Webern: quase toda a produção de Stravinsky foi composta para um uso imediato, com um fim prático imediato, boa parte destinada ao Balé Russo de Diaghilev. Existem diferenças estéticas conhecidas que nem cabem ser mencionadas aqui. Stravinsky conseguiu, em certo momento, conciliar uma arte de linguagem inovadora com um sucesso de público, e posteriormente (sempre posteriormente) de crítica. As próprias condições externas que cercaram suas criações (encomendas, roteiros etc.) o fizeram optar por determinados caminhos e desenvolvimentos em seu trabalho. Diferentemente de Schoenberg, Berg e Webern que criaram a Sociedade de Concertos Privados, para ter seus trabalhos executados.

Na primeira década deste século, Stravinsky estava em Paris, centro da efervescência criativa, e onde se experimentava uma grande curiosidade pelas manifestações culturais não-européias; e foi nesse contexto que o Balé Russo explodiu com *Petruchka* e *A Sagração da Primavera*. E sobre essa famosa primeira audição da *Sagração*, Stravinsky relata:

> Eu estava na quarta ou quinta fila do lado direito, e a imagem das costas de Monteux é hoje mais vívida em minha lembrança do que o que se realizava no palco. Ele estava ali, de pé, aparentemente impenetrável, e tão destituído de nervos como um crocodilo. Ainda me parece quase incrível que tenha podido levar a orquestra até o fim. Deixei meu lugar quando os ruídos mais fortes principiaram – os mais leves se ouviam desde o princípio – e fui para os bastidores.

Stravinsky havia virado de ponta-cabeça o mundo da música, e a *Sagração* continua sendo a sua obra principal.

Acaba de ser lançado um dos livros mais interessantes da "colaboração" entre Stravinsky e o regente Robert Craft: *Conversas com Igor Stravinsky*. A série de livros que resultaram da "colaboração" entre ambos, *Exposições e Desenvolvimentos, Diálogos, Diário* e outros, é ainda de autoria controversa. Inúmeros estudiosos afirmam que seria humanamente impossível para Stravinsky, já doente, redigir tanto e com tamanha rapidez, totalizando seis volumes. Stockhausen atribuía claramente os comentários críticos acerca de seu trabalho a Robert Craft. Mas o título em questão – *Conversas com Igor Stravinsky* –, ao que se sabe, está isento desse tipo de especulação. Pois trata-se de um diálogo, composto de perguntas e respostas assinadas, onde Stravinsky discorre com uma clareza incomum sobre, principalmente, a música de Webern, a sua própria música e a música dos serialistas (jovens, na época). O livro foi redigido no momento mais interessante da carreira de Stravinsky, depois dos anos 20. É quando ele toma uma atitude desconcertante para seus discípulos e diluidores; através do contato com Craft, descobre e estuda a obra de Webern, que pouco conhecia, passando a admirar com incrível humildade a música do *juste de la musique*.

Revê a sua posição em relação à escola de Viena (sem nunca abandonar uma crença quase religiosa na tonalidade, enquanto ordenação lógica do som), e em relação à série dodecafônica de que passa a fazer uso. Ao mesmo tempo em que, por ironia, Schoenberg escreve peças, utilizando-se de um neotonalismo, enriquecido pelas idéias de regiões harmônicas (retomando Wagner e Mahler), como na *Suíte para Orquestra de Cordas*, composição já do período americano.

O "neoclássico" Stravinsky, o "antagonista" de Schoenberg, o "restaurador", segundo Adorno, quebrou as expectativas, por ser sobretudo músico, além das teorias não-evolutivas e programas. Mas dele disse Adorno em sua *Filosofia da Nova Música*:

> Em Stravinsky, perdura tenazmente o desejo, típico do indivíduo imaturo, de converter-se em um clássico com validade própria e de conservar-se como tal, em lugar de ser somente um moderno cuja substância se consome na controvérsia das tendências e que logo vai ser esquecido.

Assim como o último Beethoven, Goethe ou Joyce, a obra de Stravinsky culmina num salto no imprevisto, no escuro, no improvável. Fica evidente, ao se ouvir suas peças "webernianas", que ainda é essencialmente Stravinsky, e ele próprio dá a chave para a compreensão: "Meu pensamento musical é sempre centrado em torno do baixo (o baixo ainda funciona como raiz harmônica para mim, mesmo na música que componho atualmente)".

Integram o livro cartas interessantes trocadas entre Stravinsky e Debussy, J. Rivière, Ravel e Dylan Thomas; aliás, Dylan iria escrever um libreto para Stravinsky, mas faleceu antes disso. Segundo Stravinsky, "sua ópera seria sobre a redescoberta de nosso planeta depois de uma catástrofe atômica. Haveria uma recriação da linguagem, só que a nova linguagem não teria abstrações; havia apenas gente, objetos e palavras".

Estamos longe do Stravinsky da *Poética Musical*, limitado pelos cânones da tradição tonal, recuperada pelo neoclássico.

O desprendimento estético do último Stravinsky deve ser um toque para os compositores, pois, já reconhecido como um dos maiores compositores do século, deixou-se influenciar de forma medular pela música de um desconhecido músico austríaco, Anton Webern. A "Esfinge" (como

Stravinsky o chamava) transformou a música do autor de *Petruchka* e das gerações seguintes de compositores, mas o serviço de divulgação de sua obra prestado por Stravinsky foi enorme. A essa altura, Stravinsky já contava com mais de setenta anos, bem diferente da história mais comum do artista brasileiro, que quando já não nasce velho, esmorece ou entrega os pontos bem mais cedo.

Stravinsky mostrou que viver é defender uma forma, e que essa forma *si muove*. Mas a música brasileira parece ignorar Galileu.

1984

"CATALOGUE D'OISEAUX", DE MESSIAEN

Este ano (1989), Olivier Messiaen completa oitenta anos. Portanto, o lançamento no Brasil de seu *Catalogue d'Oiseaux*, com Jocy de Oliveira ao piano, tem sentido de homenagem. Natural de Avignon, França, com a idade de onze anos, ingressou no Conservatório de Paris. Mais tarde, foi aluno de composição de Paul Dukas e recebeu aulas de órgão (seu instrumento principal) de Marcel Dupré. Messiaen voltaria ao Conservatório depois como professor. Sua obra é talvez o conjunto mais intrincado e multifacetado da música francesa deste século.

Um de seus principais alunos, o compositor e regente Pierre Boulez, considera sua música de um "ecletismo severo". Severo, porque, apesar de não adotar nenhum sistema musical unificador (uma tendência que o próprio Boulez observa em seu texto *Messiaen: le Temps de l'Utopie*)[1], co-

1. Em "Points de Repère, Christian Bourgois Ed., 2eme ed. 1985 p. 345.

mo a tonalidade, a série dodecafônica etc., suas opções estéticas e técnicas obedecem a um rigoroso filtro pessoal, resultado de uma leitura crítica do acervo técnico à disposição. Assim, a música de Messiaen evoluiu no sentido de combinar uma tradição ocidental anterior à polifonia com o canto gregoriano e o vocabulário melódico e rítmico da música da Índia. Conforme nota Boulez, no referido artigo, Messiaen foi buscar na tradição da música da Índia as operações rítmicas de "aumento e diminuição", que o levaram a estabelecer todo um novo vocabulário de formulação rítmica, aplicado inicialmente em suas obras *Modos de Valores e Intensidades* e *Neumas Rítmicos*, ambas de 1949.

Movido por uma intensa fé religiosa, procurou devolver ao discurso musical uma positividade cristã, que encontra precedentes apenas na música monódica e no canto gregoriano.

Desenvolvendo especialmente o sentido rítmico de sua música, Messiaen combinou os ritmos irregulares da tradição neumática da música indiana com a articulação em números proporcionais da notação musical ocidental, obtendo resultados métricos que acrescentam novas fórmulas em relação à rítmica de Stravinsky, que foi uma influência marcante em sua formação musical. Sobre isso, Boulez escreve: "Noto uma luta entre uma música espontânea e uma música calculada, em Messiaen".

Ao retomar os modos antigos e orientais, Messiaen pôde prosseguir uma trilha, aberta por Debussy, na música francesa, no sentido de se libertar da tonalidade como sistema harmônico-melódico de organização.

O lançamento de *Catalogue d'Oiseaux* para piano é um passo decisivo para que o público brasileiro tome contato com a obra de Messiaen, mais conhecido pelo *Quarteto para o Final dos Tempos*, já lançado no país. A coleção *Catalogue* foi composta entre 1956 e 1958. Nela, Messiaen procurou, após anos de pesquisa ornitológica, recolhendo inúmeras melodias originais do canto dos pássaros, retrabalhar os elementos fornecidos pela natureza, de forma a criar situações sonoras com conexões objetivas e concretas com o material original. Mas também com conexões simbólicas e filosóficas, retrabalhando esses elementos também segundo a natureza humana, logo, estética.

Quem espera do *Catalogue* uma seqüência de sons imitativos e caricatos, que procure os discos disponíveis no gênero. A música de Messiaen explora o canto dos pássaros como estímulo inicial, ponto de partida para uma elaboração musical que transcende a simples referência imitativa. A reflexão de Messiaen assume inclusive um vôo próprio, traduzido por uma escrita de sonoridades estratificadas, recortando as diferentes regiões do piano, traduzidas plenamente por Jocy de Oliveira.

A gravação realizada em New York, em 1972, é de alta qualidade, e sua clareza é essencial para que a revoada de ressonâncias e reverberações da música messiaênica possa alcançar o ouvinte. O *Catalogue d'Oiseaux* é dividido em sete livros, num total de treze peças. A estrutura das peças varia bastante, é a demonstração clara de um processo de justaposição de problemas e soluções técnicas próprias.

1988

COM OS OUVIDOS ENTERRADOS NO PRESENTE: PIERRE BOULEZ

Parece que estamos finalmente enterrando os ouvidos na música do nosso tempo. O aumento nos lançamentos de discos de música do século XX, ao que tudo indica, vem obtendo vendas relativamente boas no Brasil, e parece que a produção contemporânea está perdendo o caráter de excepcionalidade (ou será que o tempo é que está passando), tornando-se uma atividade mais freqüente e que responde a uma demanda de público. Quatro novos lançamentos e um relançamento apontam nessa direção. Eles têm em comum a participação de Pierre Boulez como regente e diretor musical ou como compositor. O principal aspecto a se destacar nas recriações de Boulez é sua capacidade de "revelar" a partitura em profundidade, capaz de transmitir de forma clara as estruturas sonoras, sempre segundo uma leitura coerente e inovadora. Foi assim com os mais variados autores, como Stravinsky, Webern, Bartók, Schoenberg etc.

O disco, que reúne as gravações de *Verklarte Nacht* *(Noite Transfigurada)* e a *Suíte* op. 29, de Arnold Schoenberg, tem uma qualidade particular: apresenta a versão original escrita para sexteto de cordas, muito gravada com o naipe completo de cordas, com os membros do Ensemble InterContemporain. A *Noite Transfigurada* é o canto do cisne do neo-romantismo alemão. Nela pode-se ouvir Wagner, Strauss e Mahler na profusão de movimentos e "gesticulações" melódico-harmônicas.

Já a *Suíte* (1925), escrita para um trio de clarinetes, um trio de cordas e piano, utiliza-se da série dodecafônica e procura estabelecer ritmos e melodias dançantes como a valsa, a marcha e a giga. É, até certo ponto, insólito o resultado sonoro, que combina uma tensão permanente com uma exuberância e diversidade rítmicas.

O segundo lançamento de composições de Schoenberg apresenta obras nunca editadas no Brasil. São peças de diferentes períodos criativos do compositor e, reunidas no mesmo álbum, não deixam de apresentar ao ouvinte uma das possíveis trilhas para se penetrar na diversidade da criação schoenberguiana. À frente da Orquestra Sinfônica da BBC, Boulez rege *Um Sobrevivente de Varsóvia* op. 46, *Variações para Orquestra* op. 31, *Cinco Peças para Orquestra* op. 16 e *Acompanhamento para uma Cena Cinematográfica* op. 34. Justamente por apresentar peças tão diferentes de um mesmo autor, é um disco obrigatório.

Nele pode se constatar o desenvolvimento da técnica dodecafônica segundo parâmetros clássicos, como nas *Variações* op. 31; ou, segundo motivação literária e dramática, como em *Um Sobrevivente de Varsóvia*, onde Schoenberg cria uma melodia dodecafônica para os versos de *Shema Ysrael*, texto do Velho Testamento; e ainda a partir de um hipotético estímulo visual, como em *Acompanhamento para uma Cena* (dividida em três partes: "Perigo Ameaçador", "Angústia" e "Catástrofe"). Essa peça foi encomendada por um editor para Schoenberg, para que "compusesse como se fosse para o cinema", e posteriormente recebeu do cineasta J. M. Straub imagens retiradas de documentários da Segunda Guerra Mundial, da Guerra da Coréia etc., que "acompanhavam" a música.

As *Cinco Peças para Orquestra* são de importância vital para a música moderna, especialmente a terceira peça *Farben (Cores)*, que antecipa Webern – e era a peça predileta dele – na pesquisa timbrística.

Olivier Messiaen ocupa uma posição independente na música contemporânea. Boulez, que foi seu aluno num período fundamental de sua vida, situa Messiaen como "um herdeiro de Debussy e principalmente de Stravinsky". Pode-se dizer que Messiaen aprofunda a pesquisa de Debussy com as escalas não-ocidentais, sem contudo abrir mão do sinfonismo e mesmo do brilhantismo timbrístico de um Stravinsky, por exemplo. "Aliando a tradição ocidental pré-polifônica (como a música modal pré-tonal) à tradição da Índia, Messiaen vai descobrir a base de seu vocabulário geral, que é a utilização dos modos", como já disse Boulez. Os modos estão para Messiaen assim como a série está para Schoenberg; eles ordenam todos os parâmetros de sua música.

O presente lançamento apresenta dois aspectos principais da música de Messiaen: a especulação religiosa (um pancatolicismo) e um misticismo panteísta. *Et Expecto Resurrectionem Mortuorum (E Aguardo a Ressurreição dos Mortos)*, composta em 1964, foi escrita para amplos espaços, conforme indica o próprio compositor no texto da contracapa. A composição serve-se de trechos da Bíblia, que são transpostos para uma orquestra rica em madeiras e percussão. Messiaen, em certo momento, alude até ao canto do "uirapuru, um pássaro do Amazonas", representado por um solo de instrumentos de madeira.

Completando o disco, a exuberante *Couleurs de la Cité Céleste* (1963), com o Groupe Instrumental à Percussion de Strasbourg, a Orchestre du Domaine Musical e Yvonne Loriod, que estrearam a composição. A peça, a partir de citações do Apocalipse, explora "cores interiores", como define Messiaen. É um disco muito instigante para um ouvinte não iniciado nas obras do compositor, já que dispomos apenas do famoso *Quatour pour le Fin du Temps* no catálogo nacional.

O único relançamento desta série é praticamente um lançamento. O disco reúne as composições de Pierre Boulez

Le Marteau sans Maître (1954) e *Livre pour Cordes* (1960). A primeira foi a composição que consolidou a posição de Boulez no cenário contemporâneo. É uma peça em nove movimentos escrita para contralto, flauta em sol, vibrafone, xilorimba, viola e violão. Apesar de Boulez utilizar textos de René Char, poeta de matiz surrealista, o tecido polifônico oferece contornos geométricos que remetem o ouvinte a uma descontinuidade construtivista do tempo. É, sem dúvida, uma peça caleidoscópica. Ao pulverizar o texto, Boulez dificulta a sua compreensão sintática. Essa é uma das críticas principais que se faz a essa obra, e que obteve a seguinte resposta do compositor: "Se você deseja compreender o texto, então leia ou fale. Proponho que o conhecimento dos poemas já tenha sido adquirido".

Livre pour Cordes tem como fonte e referência estrutural (pré-musical) as idéias de Mallarmé. Em entrevista a C. Deliège, Boulez diz que "a idéia para *Livre* me veio provavelmente ao ler *Igitur* e o *Coup de Dés*, entre 1948 e 1949". Os dois movimentos presentes neste disco são na realidade uma "recomposição" de um *Livre pour Quatour* (anterior ao *Marteau*) e que coloca questões de linguagem que têm atravessado a obra de Boulez até hoje. Em *Livre*, a preocupação central é desenvolver as idéias musicais a partir de um ponto zero, até que, por acumulação de novas idéias e seu respectivo desenvolvimento no tempo, chega-se a uma "situação caótica" em que o material perde toda a sua característica individual. O resultado sonoro combina pontilhismo com arroubos dinâmicos de massa orquestral. Esse disco serve como uma ótima introdução ao outro lançamento que contém obras mais recentes do compositor.

No último dos cinco *long-plays* deste pacote, regendo a Orquestra da BBC e o Ensemble InterContemporain (com quem fez uma recente e aclamada excursão pelos Estados Unidos), Pierre Boulez comanda a criação de três peças chave de sua obra: *Rituel* (1974) e *Eclat* (1964-1965), que se complementa com *Multiples*, num verdadeiro *work in progress*. Nestas últimas, os instrumentos se dividem (inclusive espacialmente) em dois grupos: um deles baseado em ressonâncias e outro, em sons sustentados. Segundo Boulez, isso favorece uma percepção mais direta do material sonoro.

Nessa peça, o regente assume uma função criadora no encadeamento das estruturas e grupos de blocos e seções. A música se desenvolve sobre o contraste de uma dimensão "forçada" e uma dimensão livre.

E talvez essa seja a questão formal mais importante que a obra de Boulez coloca dentro do desenvolvimento da linguagem musical. Justamente a articulação entre elementos constitutivos e grande forma é a questão que vem desafiando os criadores ao longo dos últimos quarenta anos. De um lado, a armação de um plano estrutural que organiza os formantes no nível de microforma, e que é o arsenal sob o qual o compositor articula e desenvolve suas idéias. De outro lado, a necessidade de organizar a grande forma, livre dos esquemas herdados do Barroco, do Classicismo, do Romantismo etc., isto é, organizar sob novos esquemas. A obra de Boulez, desde os anos 50, propõe uma tensão permanente no nível dessa articulação formal. Combina de forma simultânea: microforma fechada e grande forma aberta. Essa pulsação formal é a grande contribuição técnico-estética do compositor francês.

Rituel in Memoriam Maderna é uma das obras mais atraentes a um ouvinte não iniciado, escrita um anós após o falecimento do compositor, regente e companheiro de geração Bruno Maderna. Ela se insere na linha dos *Tombeaux*, como em *Pli selon Pli* e *Explosante-Fixe*, dedicadas a Verlaine e Stravinsky, respectivamente. Mais uma vez, Boulez divide a orquestra em pequenos grupos, mantendo um percussionista para cada grupo. A peça estrutura-se sobre seqüências que utilizam um material musical relativamente claro. Boulez usa material sonoro da *Sinfonia para Instrumentos de Sopro*, de Stravinsky, e toda a organização de escalas (citação técnica de Stravinsky) é de sete sons – e não mais de doze –, dando-se em torno da nota *mi bemol*, que corresponde à letra *S* (inicial de Stravinsky). Nesse ambiente de citações e homenagens, Boulez monta e desmonta seqüências rítmicas que envolvem a complexidade harmônica e a percepção do ouvinte. É essa "condução" proporcionada pela percussão que estabelece o caráter ritual e fúnebre da composição.

Após *Rituel*, pode-se recomeçar a viagem pela selva selvagem bouleziana por *Le Marteau*, já sem as dificuldades de uma primeira audição.

Depois da "anistia" concedida a Boulez, com o lançamento desses discos, e a Stockhausen (*Coros Invisíveis*, lançado este ano), resta apenas uma anistia irrestrita para John Cage, ainda inédito em disco no país: uma vergonha internacional[1]!

1988

---

1. Em 1989 foi lançado um CD com o *Quarteto de Cordas em Quatro Partes* de Cage, juntamente com obras de Lutoslawski, Penderecki e Mayuzumi. Deutsche Grammophon 423 245-2.

PÓS-ESCRITO SOBRE UM LIMITE-LIMIAR DE UMA MÚSICA FÉRTIL

> *Segundo os próprios objetivos de Pierre Boulez, a escolha do título* Répons *traduz "sua inclinação em direção aos procedimentos derivados da música medieval". A palavra* Répons *faz referência direta à resposta atribuída a um coro para uma voz solista (a alternância entre um jogo individual e um jogo coletivo)*[1].

O fato de Boulez ter se utilizado de uma referência formal codificada, e até mesmo datada historicamente, é um dos mais contundentes sinais de que a questão da forma na música de hoje é sem dúvida a mais importante e menos satisfatoriamente revisada e renovada. É verdade que a re-

---

1. *RÉPONS*/BOULEZ IRCAM, Centre Georges Pompidou/Fondation Louis Vuitton. Actes Sud-Papiers, 1988.

corrência de Boulez, no caso específico de *Répons*, a uma referência a partir do Responsório Medieval é o resultado de uma série de operações internas que dizem respeito ao processo peculiar de composição de *Répons*, e que de forma própria organiza os níveis de influência que uma referência formal como essa pode interferir no corpo da obra. Em certo momento, pode-se achar que o título escolhido por Boulez – à parte das similaridades estruturais entre *Répons* e o Responsório Medieval – é mais uma intenção de diálogo do compositor com a história da música e, por que não, mais uma ironia típica de Boulez em torno da questão das "novas formas". No entanto, ela traz à tona questões das mais importantes para o músico de hoje. Inicialmente, vamos observar o panorama em que se desenvolve essas questões.

A música no século XX expandiu, ou melhor, explodiu o universo de possibilidades de cada parâmetro: a exploração de novos timbres na prática instrumental acústica e, com os equipamentos eletrônicos, os sistemas melódico-harmônicos experimentam uma liberdade total de organização. Quanto à forma, entretanto, não se pode dizer o mesmo. A música de Schoenberg e Berg da escola dodecafônica se estruturam sempre a partir de modelos herdados, como figurinos pré-moldados que sofrem pequenas adaptações de contorno, mas que preservam sua identidade enquanto modelo de organização coerente. Anton Webern, por seu lado, foi o pioneiro de uma pesquisa inovadora quanto à forma. Ele sabia que não há como separar ou segmentar as concepções estruturais, ou seja, a forma deve ser estabelecida ao mesmo tempo em que são estabelecidos os demais parâmetros, como o material musical, por exemplo. Mesmo utilizando-se de esquemas formais herdados, como o concerto e as formas canônicas, entre outras, levou-as a um tal nível de atomização interna capaz de propiciar uma quase libertação da forma herdada, o que foi possível para a geração posterior de compositores. Por sua vez, Béla Bartók serviu-se da seção áurea numérica e da série *fibonacci* para concepção de estruturas locais, mas sempre sob o formato de um esquema de grande forma pré-moldada (como na *Sonata para Dois Pianos e Percussão*, por exemplo). Mesmo em Luciano Berio, H. W. Henze, Nono, e em menor medida em Stockhausen, a questão da grande forma não foi atacada com o mesmo ímpeto reorganizador. Por alguma razão, diferente para cada compositor, é certo, existe uma capacidade maior de assimilação de modelos herdados, no nível de forma, do que nos demais parâmetros. Isso pode ser observado mesmo em composições que estabelecem procedimentos abertos, como liberdade de encadeamento dos formantes, acaso, improvisação etc. Existem mais semelhanças estruturais entre, por exemplo, uma ópera de Henze, Penderecki ou mesmo Nono (penso em *Intoleranza*) e uma ópera de Wagner ou Strauss no nível de grande forma, que de material melódico-harmônico, timbrístico e de instrumentação.

Esse pensamento me leva a questionar em que medida a utilização de um material musical, com grande carga de novidade sob uma organização herdada das formas do passado, transmite essa novidade ou é um veículo (ainda que desajustado) de comunicação da grande forma. É óbvio que não se trata de uma relação excludente, esse ou aquele. Mas de uma relação interativa. No entanto, dessa interação, forçosamente, um aspecto se sobressai ao outro. Justamente aquele que tem maior capacidade de neutralizar suas diferenças e absorver com maior intensidade aspectos particulares do outro elemento em questão.

Para o compositor, a noção de forma é a mais cara. É a mais difícil de lidar, de questionar, de abandonar. Mesmo quando é abandonada, ela mais uma vez se impõe, como na música indeterminada. Nesse caso, sua abdicação como requisito pré-composicional a transforma no próprio sujeito e objetivo da ação musical. Ela se torna um objetivo a ser alcançado durante o processo de jogo musical. Em suma, a expressão mais contundente de sua afirmação e importância na atividade de criação musical.

Webern cita Hölderlin:

viver é defender uma forma.

Boulez parodia e re-cita:

uma forma é defender a vida
a forma defende sua vida

Ainda resta a possibilidade:

defender a vida, numa forma

Na verdade, para muitos compositores a questão da forma ainda se insere numa perspectiva de fundo e frente. Esse é um ponto de vista que tem raízes muito profundas no pensamento musical ocidental. Ele incorpora resquícios de uma forma de ver anterior ao Renascimento e à perspectiva, e num sentido mais musical, encontra seu alicerce de sustentação numa forma de percepção temporal unidirecional. Essa forma de perceber o tempo musical, a partir da mensuração proporcional dos valores de duração[2], estabelece escalas de percepção. Essa articulação a partir de valores proporcionais remete a uma fruição da *Gestalt* como um desenvolvimento, um seqüenciamento de elementos comuns a um mesmo sistema. Nesse sentido, é compreensível que o contraponto seja um procedimento cada vez mais importante na concepção das novas músicas. Mas fora desse sistema de mensuração ocidental proporcional, o que poderia ser? Um retorno à indeterminação e imprecisão do sistema neumático? Acredito que não. Ou melhor, a coisa não é tão esquemática assim. Como notou Clytus Gottwald, em recente entrevista com György Ligeti: "Um traço marcante na nova geração, que a distingue da precedente, me parece ser uma certa hostilidade ao encontro com a teoria"[3]. Maurício Kagel, por seu lado, acredita que "muitas das peças musicais não são mais que exemplos sonoros de comentários que os compositores teriam pensado ao mesmo tempo em que compunham"[4].

2. A música ocidental, a partir do século XIV, adotou valores proporcionais para sua organização rítmica. Por exemplo, os sons dividem suas durações em frações proporcionais entre si: metade, quarta parte, terça parte, e assim por diante.

3. "Entretien avec György Ligeti" par Clytus Gottwald, in *InHarmoniques – Musiques, identités* nº 2, maio 1987, IRCAM/Centre Georges Pompidou, Christian Bourgois Éditeur.

4. *Idem*, p. 218.

A questão do tempo na música é antes de mais nada questão especulativa. Dado que ele, o tempo, é um fator inseparável da ação sonora. E como escreveu Flaubert em seu *Dicionário de Idéias Feitas*, o tempo é um "tema eterno de conversação". Mas, de qualquer forma, passa por essa questão da temporalidade boa parte da questão da forma, que mais do que nunca não pode ser pensada sem esse estrito elo com uma concepção temporal que especulamos um pouco. Se boa parte da criação musical mais especulativa se dirige para uma elaboração cada vez mais micrológica dos elementos e da proposta de percepção e colocação desses elementos no fator temporal, é também porque encara a percepção do fenômeno sonoro em mais de uma direção, isto é, partindo do fator *memória*, observa níveis de percepção que podem também ser medidos a partir de escalas, ainda que abstratas. Do *instante* (palavra que designa uma entidade temporal variável e também abstrata) a módulos temporais mais dilatados até o alcance da grande forma, a totalidade. Essa consciência fragmentada é a marca dos nossos tempos. "Eu considero toda composição uma espécie de solução para um problema"[5], observa Ligeti, que é um dos compositores que tem mais se detido nas questões e conexões entre temporalidade-material sonoro (timbre)-temporalidade.

Ainda para Ligeti, a colocação e solução de um problema composicional levanta e conduz todo um elenco de novos problemas: segundo ele, esse é um processo de desenvolvimento da linguagem do compositor. Visto assim, o processo de organização dos procedimentos técnicos assume uma constante mutabilidade, bem como a sua hierarquia de utilizações; é um movimento em direção a uma *identidade própria*, enquanto objeto musical, sem compromisso com uma continuidade estilística, mas apenas com sua dinâmica interna.

Morton Feldman diria, observando esse panorama: "Creio que tenho o direito de escrever a música que escrevo"[6]. Essa frase, como nota Gottwald, traduz intensamente

---

5. *Ibidem*, p. 225.
6. Citado por Clytus Gottwald in "Entretien", já referida.

um sentimento que domina os jovens compositores. E essa situação generalizada é que tem proporcionado a criação de dialetos pessoais. Uma espécie de marca registrada, fruto de uma pulverização dos procedimentos técnicos e desierarquização dos processos, estabelece-se motivada por uma necessidade de identificação da música com o criador, e da composição consigo mesma. Portanto, já nos encontramos bem distantes de um certo "determinismo" que T. W. Adorno identificava como "tendência histórica do material" em sua *Filosofia da Nova Música*. Hoje, as tendências são multidirecionais. Vão se colocando de uma forma caótica no panorama da composição. Tonalismo, diatonismo, dodecafonia, serialismo, neoclassicismo, pós-serialismo etc., são dados lançados numa mesma mesa. Da mesma forma que indeterminação, processos improvisatórios dirigidos e estruturações de fundo matemático como a música estocástica de Xenakis. Todo esse arsenal está em processo de movimentação espiralada sofrendo contaminações de toda espécie entre si. Essa dinâmica imprevisível e não-traduzível é o nosso solo fértil. Junta-se a esse processo o trabalho microscópico de estúdio que nos abriu e abre novas formas de percepção do som. Nessa tensão entre um movimento caótico da linguagem musical historicizada, codificada, e os novos meios de emissão e manipulação sonoros, o compositor opera as escolhas e traça os caminhos no limite-limiar entre um velho e novo mundo, ou, colocando as coisas de uma forma mais pragmática, entre *os* procedimentos e os *seus* procedimentos. Ou seja, parece que a "nova geração" caminha para uma aproximação com a teoria, mesmo que não seja em busca de respostas ou sistematizações.

COLEÇÃO DEBATES

1. *A Personagem de Ficção*, Antonio Candido e outros.
2. *Informação, Linguagem, Comunicação*, Décio Pignatari.
3. *Balanço da Bossa e Outras Bossas*, Augusto de Campos.
4. *Obra Aberta*, Umberto Eco.
5. *Sexo e Temperamento*, Margaret Mead.
6. *Fim do Povo Judeu?*, Georges Friedmann.
7. *Texto/Contexto*, Anatol Rosenfeld.
8. *O Sentido e a Máscara*, Gerd A. Bornheim.
9. *Problemas da Física Moderna*, W. Heisenberg e outros.
10. *Distúrbios Emocionais e Anti-Semitismo*, N. W. Ackermann e M. Jahoda.
11. *Barroco Mineiro*, Lourival Gomes Machado.
12. *Kafka: Pró e Contra*, Günther Anders.
13. *Nova História e Novo Mundo*, Frédéric Mauro.
14. *As Estruturas Narrativas*, Tzvetan Todorov.
15. *Sociologia do Esporte*, Georges Magnane.
16. *A Arte no Horizonte do Provável*, Haroldo de Campos.
17. *O Dorso do Tigre*, Benedito Nunes.
18. *Quadro da Arquitetura no Brasil*, Nestor G. Reis Filho.

19. *Apocalípticos e Integrados*, Umberto Eco.
20. *Babel & Antibabel*, Paulo Rónai.
21. *Planejamento no Brasil*, Betty Mindlin Lafer.
22. *Lingüística. Poética. Cinema*, Roman Jakobson.
23. *LSD*, John Cashman.
24. *Crítica e Verdade*, Roland Barthes.
25. *Raça e Ciência I*, Juan Comas e outros.
26. *Shazam!*, Álvaro de Moya.
27. *Artes Plásticas na Semana de 22*, Aracy Amaral.
28. *História e Ideologia*, Francisco Iglésias.
29. *Peru: da Oligarquia Econômica à Militar*, A. Pedroso d'Horta.
30. *Pequena Estética*, Max Bense.
31. *O Socialismo Utópico*, Martim Buber.
32. *A Tragédia Grega*, Albin Lesky.
33. *Filosofia em Nova Chave*, Susanne K. Langer.
34. *Tradição, Ciência do Povo*, Luís da Câmara Cascudo.
35. *O Lúdico e as Projeções do Mundo Barroco*, Affonso Ávila.
36. *Sartre*, Gerd A. Bornheim.
37. *Planejamento Urbano*, Le Corbusier.
38. *A Religião e o Surgimento do Capitalismo*, R. H. Tawney.
39. *A Poética de Maiakóvski*, Boris Schnaiderman.
40. *O Visível e o Invisível*, Maurice Marleau-Ponty.
41. *A Multidão Solitária*, David Riesman.
42. *Maiakóvski e o Teatro de Vanguarda*, A. M. Ripellino.
43. *A Grande Esperança do Século XX*, J. Fourastié.
44. *Contracomunicação*, Décio Pignatari.
45. *Unissexo*, Charles F. Winick.
46. *A Arte de Agora, Agora*, Herbert Read.
47. *Bauhaus: Novarquitetura*, Walter Gropius.
48. *Signos em Rotação*, Octavio Paz.
49. *A Escritura e a Diferença*, Jacques Derrida.
50. *Linguagem e Mito*, Ernst Cassirer.
51. *As Formas do Falso*, Walnice Nogueira Galvão.
52. *Mito e Realidade*, Mircea Eliade.
53. *O Trabalho em Migalhas*, Georges Friedmann.
54. *A Significação no Cinema*, Christian Metz.
55. *A Música Hoje*, Pierre Boulez.
56. *Raça e Ciência II*, L. C. Dunn e outros.
57. *Figuras*, Gérard Genette.
58. *Rumos de uma Cultura Tecnológica*, Abraham Moles.
59. *A Linguagem do Espaço e do Tempo*, Hugh M. Lacey.
60. *Formalismo e Futurismo*, Krystyna Pomorska.
61. *O Crisântemo e a Espada*, Ruth Benedict.
62. *Estética e História*, Bernard Berenson.
63. *Morada Paulista*, Luís Saia.
64. *Entre o Passado e o Futuro*, Hannah Arendt.
65. *Política Científica*, Heitor G. de Souza e outros.
66. *A Noite da Madrinha*, Sérgio Miceli.
67. *1822: Dimensões*, Carlos Guilherme Mota e outros.
68. *O Kitsch*, Abraham Moles.
69. *Estética e Filosofia*, Mikel Dufrenne.
70. *O Sistema dos Objetos*, Jean Baudrillard.
71. *A Arte na Era da Máquina*, Maxwell Fry.
72. *Teoria e Realidade*, Mario Bunge.
73. *A Nova Arte*, Gregory Battcock.
74. *Cartaz*, Abraham Moles.

75. *A Prova de Gödel*, Ernest Nagel e James R. Newman.
76. *Psiquiatria e Antipsiquiatria*, David Cooper.
77. *A Caminho da Cidade*, Eunice Ribeiro Durhan.
78. *O Escorpião Encalacrado*, Davi Arrigucci Júnior.
79. *O Caminho Crítico*, Northrop Frye.
80. *Economia Colonial*, J. R. Amaral Lapa.
81. *Falência da Crítica*, Leyla Perrone Moisés.
82. *Lazer e Cultura Popular*, Joffre Dumazedier.
83. *Os Signos e Crítica*, Cesare Segre.
84. *Introdução à Semanálise*, Julia Kristeva.
85. *Crises da República*, Hannah Arendt.
86. *Fórmula e Fábula*, Willi Bolle.
87. *Saída, Voz e Lealdade*, Albert Hirschman.
88. *Repensando a Antropologia*, E. R. Leach.
89. *Fenomenologia e Estruturalismo*, Andrea Bonomi.
90. *Limites do Crescimento*, Donella H. Meadows e outros.
91. *Manicômios, Prisões e Conventos*, Erving Goffman.
92. *Maneirismo: O Mundo como Labirinto*, Gustav R. Hocke.
93. *Semiótica e Literatura*, Décio Pignatari.
94. *Cozinhas, etc.*, Carlos A. C. Lemos.
95. *As Religiões dos Oprimidos*, Vittorio Lanternari.
96. *Os Três Estabelecimentos Humanos*, Le Corbusier.
97. *As Palavras sob as Palavras*, Jean Starobinski.
98. *Introdução à Literatura Fantástica*, Tzvetan Todorov.
99. *Significado nas Artes Visuais*, Erwin Panofsky.
100. *Vila Rica*, Sylvio de Vasconcellos.
101. *Tributação Indireta nas Economias em Desenvolvimento*, J. F. Due.
102. *Metáfora e Montagem*, Modesto Carone.
103. *Repertório*, Michel Butor.
104. *Valise de Cronópio*, Julio Cortázar.
105. *A Metáfora Crítica*, João Alexandre Barbosa.
106. *Mundo, Homem, Arte em Crise*, Mário Pedrosa.
107. *Ensaios Críticos e Filosóficos*, Ramón Xirau.
108. *Do Brasil à América*, Fréderic Mauro.
109. *O Jazz, do Rag ao Rock*, Joachim E. Berendt.
110. *Etc..., Etc... (Um Livro 100% Brasileiro)*, Blaise Cendrars.
111. *Território da Arquitetura*, Vittorio Gregotti.
112. *A Crise Mundial da Educação*, Philip H. Coombs.
113. *Teoria e Projeto na Primeira Era da Máquina*, Reyner Banham.
114. *O Substantivo e o Adjetivo*, Jorge Wilheim.
115. *A Estrutura das Revoluções Científicas*, Thomas S. Kuhn.
116. *A Bela Época do Cinema Brasileiro*, Vicente de Paula Araújo.
117. *Crise Regional e Planejamento*, Amélia Cohn.
118. *O Sistema Político Brasileiro*, Celso Lafer.
119. *Êxtase Relgioso*, Ioan M. Lewis.
120. *Pureza e Perigo*, Mary Douglas.
121. *História, Corpo do Tempo*, José Honório Rodrigues.
122. *Escrito sobre um Corpo*, Severo Sarduy.
123. *Linguagem e Cinema*, Christian Metz.
124. *O Discurso Engenhoso*, Antonio José Saraiva.
125. *Psicanalisar*, Serge Leclaire.
126. *Magistrados e Feiticeiros na França do Século XVII*, R. Mandrou.
127. *O Teatro e sua Realidade*, Bernard Dort.
128. *A Cabala e seu Simbolismo*, Gershom G. Scholem.

129. *Sintaxe e Semântica na Gramática Transformacional*, A. Bonomi e C Usberti.
130. *Conjunções e Disjunções*, Octavio Paz.
131. *Escritos sobre a História*, Fernand Braudel.
132. *Escritos*, Jacques Lacan.
133. *De Anita ao Museu*, Paulo Mendes de Almeida.
134. *A Operação do Texto*, Haroldo de Campos.
135. *Arquitetura, Industrialização e Desenvolvimento*, Paulo J. V. Bruna.
136. *Poesia-Experiência*, Mário Faustino.
137. *Os Novos Realistas*, Pierre Restany.
138. *Semiologia do Teatro*, Org. J. Guinsburg e J. Teixeira Coelho Netto.
139. *Arte-Educação no Brasil*, Ana Mae T. B. Barbosa.
140. *Borges: Uma Poética da Leitura*, Emir Rodríguez Monegal.
141. *O Fim de uma Tradição*, Robert W. Shirley.
142. *Sétima Arte: Um Culto Moderno*, Ismail Xavier.
143. *A Estética do Objetivo*, Aldo Tagliaferri.
144. *A Construção do Sentido na Arquitetura*, J. Teixeira Coelho Netto.
145. *A Gramática do Decameron*, Tzvetan Todorov.
146. *Escravidão, Reforma e Imperialismo*, Richard Graham.
147. *História do Surrealismo*, Maurice Nadeau.
148. *Poder e Legitimidade*, José Eduardo Faria.
149. *Práxis do Cinema*, Noel Burch.
150. *As Estruturas e o Tempo*, Cesare Segre.
151. *A Poética do Silêncio*, Modesto Carone.
152. *Planejamento e Bem-Estar Social*, Henrique Rattner.
153. *Teatro Moderno*, Anatol Rosenfeld.
154. *Desenvolvimento e Construção Nacional*, S. N. Eisenstadt.
155. *Uma Literatura nos Trópicos*, Silviano Santiago.
156. *Cobra de Vidro*, Sérgio Buarque de Holanda.
157. *Testando o Leviathan*, Antonia Fernanda Pacca de Almeida Wright.
158. *Do Diálogo e do Dialogico*, Martin Buber.
159. *Ensaios Lingüísticos*, Louis Hjelmslev.
160. *O Realismo Maravilhoso*, Irlemar Chiampi.
161. *Tentativas de Mitologia*, Sérgio Buarque de Holanda.
162. *Semiótica Russa*, Boris Schnaiderman.
163. *Salões, Circos e Cinemas de São Paulo*, Vicente de Paula Araújo.
164. *Sociologia Empírica do Lazer*, Joffre Dumazedier.
165. *Física e Filosofia*, Mario Bunge.
166. *O Teatro Ontem e Hoje*, Célia Berrettini.
167. *O Futurismo Italiano*, Org. Aurora Fornoni Bernardini.
168. *Semiótica, Informação e Comunicação*, J. Teixeira Coelho Netto.
169. *Lacan: Operadores da Leitura*, Américo Vallejo e Lígia C. Maga lhães.
170. *Dos Murais de Portinari aos Espaços de Brasília*, Mário Pedrosa.
171. *O Lírico e o Trágico em Leopardi*, Helena Parente Cunha.
172. *A Criança e a FEBEM*, Marlene Guirado.
173. *Arquitetura Italiana em São Paulo*, Anita Salmoni e E. Debenedetti.
174. *Feitura das Artes*, José Neistein.
175. *Oficina: Do Teatro ao Te-Ato*, Armando Sérgio da Silva.
176. *Conversas com Igor Stravinski*, Robert Craft e Igor Stravinski.
177. *Arte como Medida*, Sheila Leirner.
178. *Nzinga – Resistência Africana à Investida do Colonialismo Portuguê. em Angola, 1582-1663*, Roy Glasgow.
179. *O Mito e o Herói no Moderno Teatro Brasileiro*, Anatol Rosenfeld.

80. *A Industrialização do Algodão na Cidade de São Paulo*, Maria Regina de M. Ciparrone Mello.
81. *Poesia com Coisas*, Marta Peixoto.
82. *Hierarquia e Riqueza na Sociedade Burguesa*, Adeline Daumard.
83. *Natureza e Sentido da Improvisação Teatral*, Sandra Chacra.
84. *O Pensamento Psicológico*, Anatol Rosenfeld.
85. *Mouros, Franceses e Judeus*, Luís da Câmara Cascudo.
86. *Tecnologia, Planejamento e Desenvolvimento Autônomo*, Francisco Sagasti.
87. *Mário Zanini e seu Tempo*, Alice Brill.
88. *O Brasil e a Crise Mundial*, Celso Lafer.
89. *Jogos Teatrais*, Ingrid Dormien Koudela.
90. *A Cidade e o Arquiteto*, Leonardo Benevolo.
91. *Visão Filosófica do Mundo*, Max Scheler.
92. *Stanislavski e o Teatro de Arte de Moscou*, J. Guinsburg.
93. *O Teatro Épico*, Anatol Rosenfeld.
94. *O Socialismo Religioso dos Essênios: A Comunidade de Qumran*, W. J. Tyloch.
95. *Poesia e Música*, Org. Carlos Daghlian.
96. *A Narrativa de Hugo de Carvalho Ramos*, Albertina Vicentini.
97. *Vida e História*, José Honório Rodrigues.
98. *As Ilusões da Modernidade*, João Alexandre Barbosa.
99. *Exercício Findo*, Décio de Almeida Prado.
100. *Marcel Duchamp: Engenheiro do Tempo Perdido*, Pierre Cabanne.
101. *Uma Consciência Feminista: Rosario Castellanos*, Beth Miller.
102. *Neolítico: Arte Moderna*, Ana Cláudia de Oliveira.
103. *Sobre Comunidade*, Martin Buber.
104. *O Heterotexto Pessoano*, José Augusto Seabra.
105. *O Que é uma Universidade?*, Luiz Jean Lauand.
106. *A Arte da Performance*, Jorge Glusberg.
107. *O Menino na Literatura Brasileira*, Vânia Maria Resende.
108. *Do Anti-Sionismo ao Anti-Semitismo*, Léon Poliakov.
109. *Da Arte e da Linguagem*, Alice Brill.
110. *A Linguagem da Sedução*, Org. Ciro Marcondes Filho.
111. *O Teatro Brasileiro Moderno: 1930-1980*, Décio de Almeida Prado.
112. *Qorpo-Santo: Surrealismo ou Absurdo?*, Eudinyr Fraga.
113. *Conhecimento, Linguagem, Ideologia*, Org. Marcelo Dascal.
114. *A Voragem do Olhar*, Regina Lúcia Pontieri.
115. *Notas para uma Definição de Cultura*, T. S. Eliot.
116. *Guimarães Rosa: As Paragens Mágicas*, Irene J. G. Simões.
117. *Música Hoje 2*, Pierre Boulez.
118. *Borges & Guimarães*, Vera Mascarenhas de Campos.
119. *Performance como Linguagem*, Renato Cohen.
120. *Walter Benjamin: A História de uma Amizade*, Gershom G. Scholem.
121. *A Linguagem Liberada*, Kathrin Holzermayr Rosenfield.
122. *Colômbia Espelho América*, Edvaldo Pereira Lima.
123. *Tutaméia: Engenho e Arte*, Vera Novis.
124. *Por que Arte?*, Gregory Battcock.
125. *Escritura Urbana*, Eduardo de Oliveira Elias.
126. *Analogia do Dissimilar*, Irene A. Machado.
127. *Jazz ao Vivo*, Carlos Calado.
128. *O Poético : Magia e Iluminação*, Álvaro Cardoso Gomes.
129. *Dewey: Filosofia e Experiência Democrática*, Maria Nazaré de Camargo Pacheco Amaral.

230. *Grupo Macunaíma: Carnavalização e Mito*, David George.
231. *O Bom Fim do Shtetl: Moacyr Scliar*, Gilda Salem Szklo.
232. *Aldo Bonadei: O Percurso de Um Pintor*, Lisbeth Rebollo Gonçalve
233. *O Bildungsroman Feminino: Quatro Exemplos Brasileiros*, Cristi Ferreira Pinto.
234. *Romantismo e Messianismo*, Michel Löwy
235. *Do Simbólico ao Virtual*, Jorge Lucio de Campos.
236. *O Jazz como Espetáculo*, Carlos Calado.
237. *A Arte e seu Tempo*, Sheila Leirner.
238. *O Super-Homem de Massa*, Umberto Eco.
239. *Artigos Musicais*, Livio Tragtenberg.
240. *Borges e a Cabala*, Saúl Sosnowski.

Impressão e acabamento
BANDEIRANTE S.A. Gráfica e Editora